박종현아동문학전집 **3** 기행·삶과 문학 편

체험 솔솔 세계 기행

박종현아동문학전집 **3** 기행·삶과 문학 편

체험 솔솔 세계 기행

박종현아동문학전집편찬위원회 엮음

야망의 사나이_ 1990년대 주말마다 도봉산에 오르다

제1회 심포지엄 개회_ 2008년 9월 27일~28일 아카데미하우스
심포지엄 주제를 가지고 제8회(2015년)까지 이어 오다.

아동문학 3동인 출판 기념회 및 토론회_ 1997년~2003년까지
아동문예 출신 작가 모임으로 1년에 한 번 동인지를 출간, 기념회와 토론회를 가졌다. 21동행시(1994년~2010년까지 동인지 발행과 시낭송 및 합평)·한국동시문학시대 (1983년~2010년까지 동인지 발행과 작품 합평)·한국동화문학인회(1983년~2010년까지 동인지 발행과 작품 합평)

한국아동문예작가회 정기총회 및 문학상 시상식

《아동문예》에서 제정·시상하고 있는 한국동시문학상·한국동화문학상·한국아동문예상은 1978년부터 2025년까지 한 해도 거르지 않고 시상하고 있다.

길 벗

아동문학인의 길벗 아동문예
창간 열돌을 축하합니다.

1986년 5월 3일

한국동시·동화·동극문학상 수상작가 함께

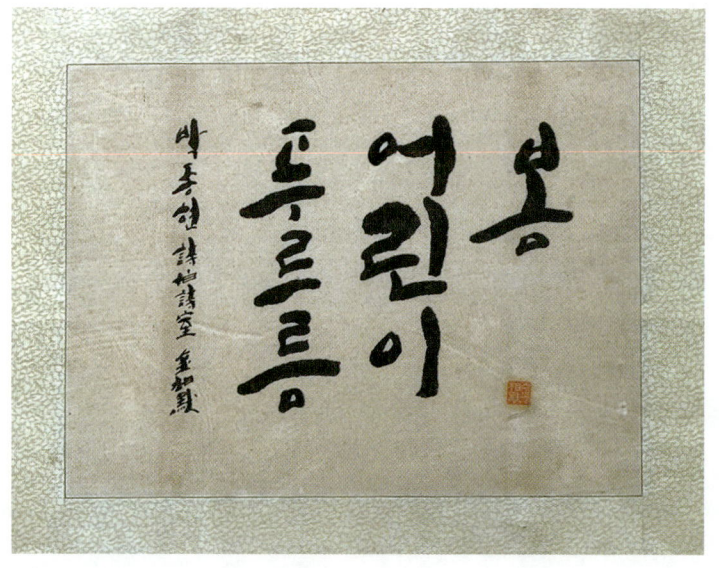

김상묵 휘호

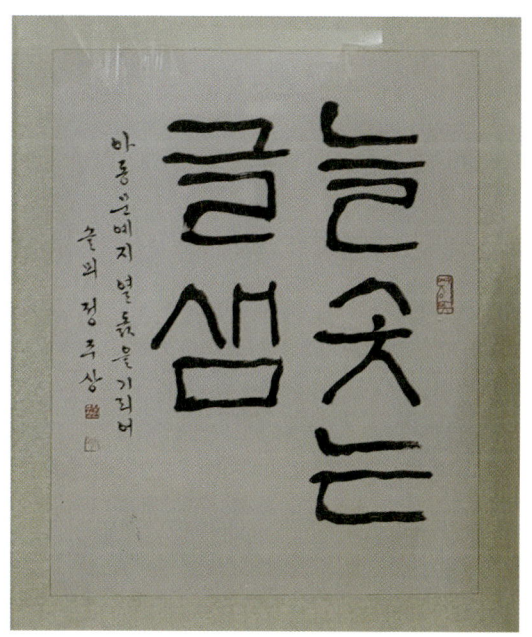

정주상 휘호

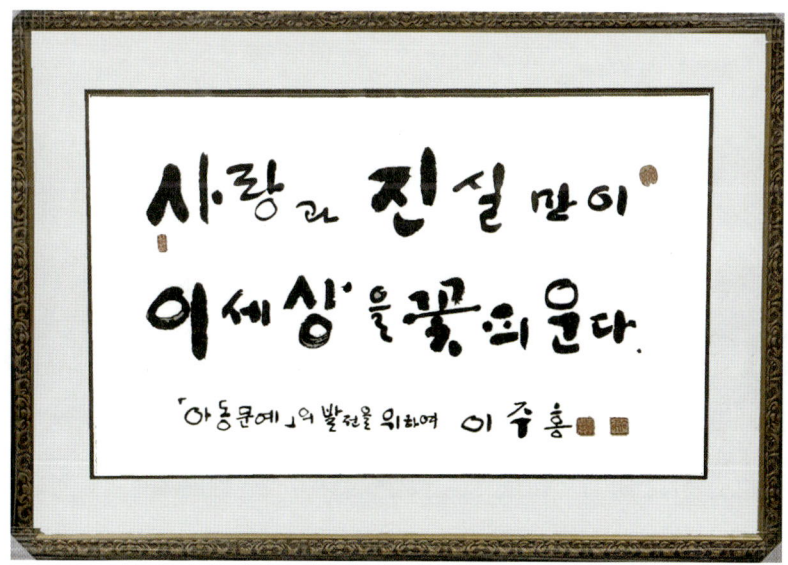

이주홍 휘호

어린이를 위한 문학 강좌_ 충주 노은초등학교(2003년 10월 10일~11일)

어린이를 위한 청소년문학강좌

어린이 청소년문학강좌 1986년부터 2004년까지 학교 및 소외 지역과 지방을 순회하며 제28회까지 이어 왔다.

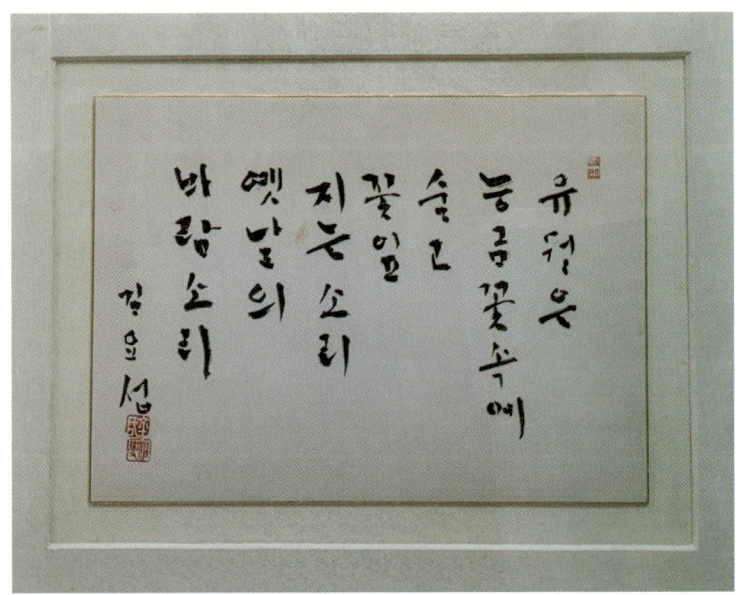

김요섭 휘호

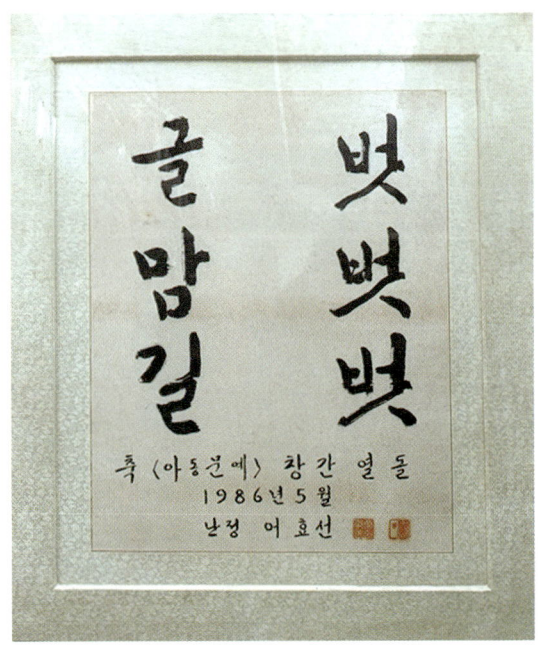

어효선 휘호

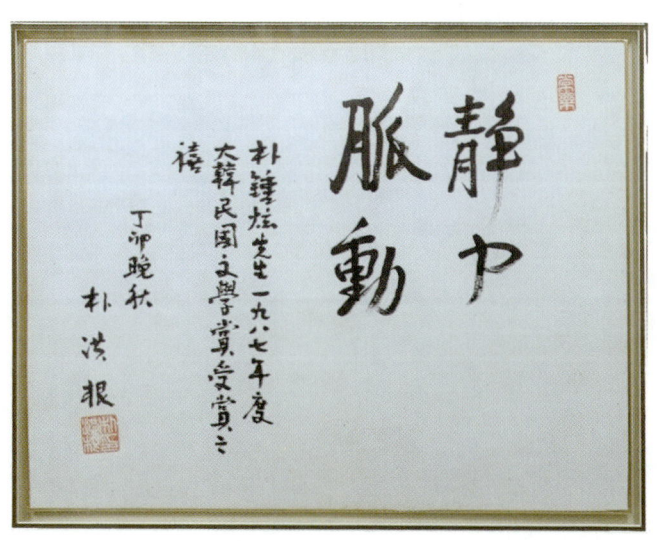

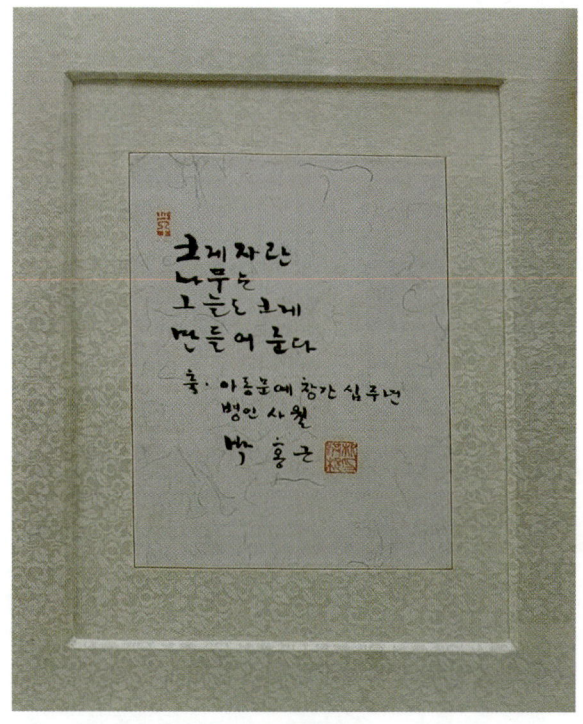

박홍근 휘호

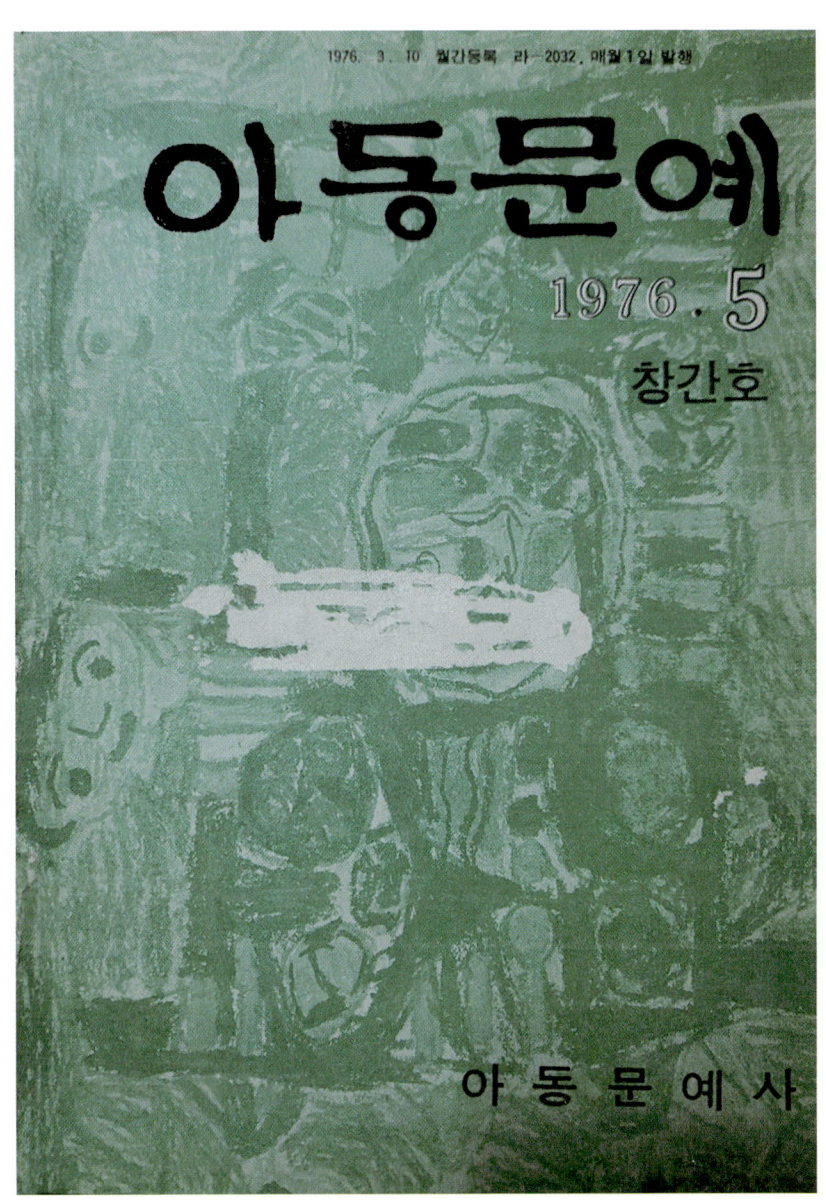

1976년 5월 1일 ≪아동문예≫ 창간호 표지

〔발행인사〕

아기의 탄생

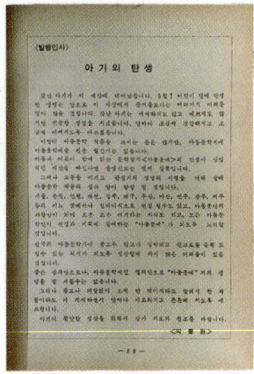

갓난아기가 이 세상에 태어났습니다.

5월! 어린이 달에 탄생한 생명은 앞으로 이 세상에서 즐거움보다는 여러 가지 어려운 일이 많을 것입니다. 갓난아기는 씩씩하지도 않고 예쁘지도 않지만 귀중한 생명을 지녔습니다. 달마다 조금씩 건강해지고, 조금씩 예뻐지도록 애쓰겠습니다.

이 땅에 아동문학 작품을 쓰시는 분은 많지만, 아동문학계에 아동문학예술 전문 월간지는 없습니다.

아동과 어른이 함께 읽는 문학 잡지 《아동문예》의 탄생이 상업적인 채산을 따진다면 출생신고는 벌써 잘못입니다.

그러나 고통을 이기고 끈질기게 생명의 지령을 더해 갈 때 아동문학작품의 질과 양이 향상될 것입니다.

서울, 춘천, 인천, 대전, 청주, 대구, 부산, 마산, 전주, 광주, 제주 등의 어느 곳에서나 릴레이식으로 편집될 수도 있고, 아동문단의 사랑방이 되어 오손도손 얘기하는 자리도 되고, 모든 아동문학인이 편집과 기획에 참여하는 《아동문예》가 되도록 노력할 것입니다.

전국의 아동문학가에 골고루 원고가 청탁 되고 원고료도 듬뿍 드릴 수 있는 처지가 되도록 성장할 때까지 많은 어려움이 있을 것입니다.

좋은 생각으로나, 아동문학적인 열의만으로 《아동문예》지의 생명을 잘 기를 수는 없습니다.

그러나 광고나 피알 없이 오직 한 페이지라도 늘려서 한 작품이라도 더 게재하면서 달마다 새로워지고, 튼튼해지도록 애쓰렵니다.

아기의 활발한 성장을 위해서 삼가 지도와 협조를 바랍니다.

〈박 종 현〉

1976년 5월 1일 《아동문예》창간호에 게재한 아기의 탄생
2022년 격월간 《아동문예》 5·6월호 원문을 워딩하여 재게재하였다.

No. 3

늘. 삶이 따리고
늘 바쁘기만 합니다.

누구도 나의 눈물을 모릅니다.
누구도 나의 가슴안에 있음을
모릅니다.

그러면 나는 당신을 사랑합니까?
그리고 당신은 나를 사랑합니까?

다시 질문해보는 기회입니다.
다시 질문해보며 흐리는 사랑은 그러나
다시 기둥이 쉽니다.

나는 왜 지금껏 지배 합니까?
당신은 나의 힘입니까?
당신은 나의 짐입니까?

늘 나의 이 엄청난 심바의 파동을
당신은 어떻게 생각합니까?
1965. 9. 1. 남편씀

1965년(결혼 2년 전)부터 1972년까지 7년에 걸쳐 아내에게 쓴 79여 통의 편지 중 일부

아동문예 영인본

창간호
(1976년 5월 1일)~
2024년까지

박종현아동문학전집 ❸ _ 기행·삶과 문학 편
체험 솔솔 세계 기행

박종현아동문학전집 **3** 기행·삶과 문학 편

체험 솔솔 세계 기행

박종현아동문학전집편찬위원회 엮음

• 발간사

박종현아동문학전집을 발간하며

등산㸃山 박종현朴鍾炫 선생이 타계한 지도 어느새 5년이 흘렀습니다.

웃음 띤 얼굴로 '귀하'를 말머리 삼아 대화를 풀어 나가던 선생의 온후한 모습이 새삼 그리워집니다.

선생은 일찍이 아동문학 전문지 ≪아동문예≫를 창간하여 불모지나 다름없었던 한국 아동문학의 지형도를 크게 바꾸어 놓았습니다. 오늘날까지도 결호 없이 속간되면서 한국 아동문학의 발전을 견인하고 있는 ≪아동문예≫의 위상과 업적을 감안할 때, 선생의 선각자적인 업적은 우리 아동문학계의 축복이자 자랑스러운 유산이 아닐 수 없습니다.

그러나 선생은 선구적인 아동도서 출판인이기에 앞서, 어린이 사랑이 지극했던 교육자요, 또한 열정적인 아동문학인이었습니다. 한때 초등 교육 현장에서 어린이들을 직접 가르치기도 했던 선생은 일찍이 참교육의 바탕은 인성 교육에 있음을 인식하고 어린이들의 정서 순화에 이바지할 수 있는 아동문학 작품 창작에 많은 힘을 기울였습니다.

그 결과 선생은 생전에 동시집 8권, 동화시집 7권, 동화집 4권, 환상 동화집 5권, 기행 문집 1권 등 모두 25권의 작품집을 펴냈습니다.

어린이 사랑이 넘쳐 나는 모든 작품이 깊은 감동을 주고 있지만, 특히 '동화시'와 '환상 동화'라는 이름으로 발표한 일련의 환상 작품 시리즈는 그 특이하고도 개성적인 작품 세계로 말미암아 독자들의 주목을 끌기도 하였습니다.

온갖 어려움 속에서도 초지를 잃지 않고, 평생 아동도서 출판과 아동문학 작품 창작이라는 험로를 견지하면서, 오로지 이 땅 어린이들의 행복과 건전한 성장만을 염원해 왔던 선생의 삶이 새삼 옷깃을 여미게 합니다.

선생의 숭고한 뜻이 주위 모든 분의 심금에 와닿고, 아울러 이를 계기로 선생과 선생을 흠모하는 많은 분이 염원하는 어린이 사랑이 한층 더 깊어지기를 바라면서 이 전집을 간행합니다.

삼가 선생의 명복을 빕니다.

2025년 3월 14일
박종현아동문학전집편찬위원회

일러두기

• 이 전집은 제1권 '동시·동화시 편', 제2권 '동화·환상 동화 편', 제3권 '기행·삶과 문학 편' 등 모두 3권으로 엮었습니다.

• 맞춤법·띄어쓰기 등은 『표준국어대사전』에 따랐습니다. 단, 작자의 의도가 뚜렷해 보이는 사투리·입말·흉내말 등은 원문대로 살렸습니다.

• 문장 부호는 대화글 " ", 생각이나 대화 속 강조나 인용 부분 ' ', 책 이름 『 』, 신문이나 잡지 이름 ≪ ≫, 작품 이름 「 」 등으로 나타냈습니다.

• 작품이 실린 책 이름을 원고 끝에 낱낱이 밝혔습니다. 같은 작품을 두 종 이상의 저서에 중복 발표하였을 경우, 가장 나중에 출간한 판본 내용을 원전으로 삼았습니다. 단 교정 또는 퇴고한 작품으로 보기 어려울 만큼 현저하게 개작한 경우는 작품에 이어 '참고'란에 덧붙여서 실었습니다.

박종현아동문학전집편찬위원회

편찬위원 _ 문삼석위원장·박옥주·손동연·안종완·오순택·정운일·정혜진
실무위원 _ 신건자위원장·김삼동·김선영·임옥순·정은미·진영희·홍영숙

박종현아동문학전집 ❸ _기행·삶과 문학 편
체험 솔솔 세계 기행 _차례

발간사_박종현아동문학전집을 발간하며_20

제❶부_체험 솔솔 세계 기행

머리글_지구본을 보며 세계 기행을!_26
예술과 낭만과 자유의 도시 파리_29 • 사랑과 고적의 도시 로마_34
사막의 박물관, 요르단의 페트라_40 • 다양성과 융합의 인도_46
날마다 무지개 뜨는 초록빛 섬 하와이_54
로스앤젤레스와 디즈니랜드_59
한·일 아동문학 교류를 위한 행사_63 • 민족의 성지, 백두산 천지_66
중국 만리장성과 자금성_71 • 대화를 위한 마카오, 선전, 홍콩 여행_74
일본 문화 예술의 동화마을 탐방_77 • 오토바이 도시, 타이완 관광_81
터키와 아름다운 이스탄불_85 • 한·불가리아 문학의 밤_89
역사와 신화의 나라, 그리스_92 • 로스앤젤레스에서 열리는 문학 축제_94

제❷부_삶과 문학

등산登山이 말하다_99
동시 이야기_100 • 좋은 글을 지으려면_102
한 편의 동시를 짓기 위하여_104 • 동시를 위하여_107
다시 새로워지기 위하여_109 • 시를 생각한다면_110
감사한 마음으로_111 • 시인의 말_112

≪아동문예≫ 발행에 대한 이야기_113 • 머리말_117
동화를 쓰는 마음_118 • 리터엉 할아버지 최태호 선생_119

등산登山을 말하다_127
「머리글」_이원수_128
「서문」_김요섭_129
『빨강 자동차』에 부쳐_곽진용_130
박 형의 인간과 문학_문삼석_132
아침, 그리고 푸른 하늘의 시_김원기_136
밝음과 희망을 지향하는 시_오순택_145
시인은 산을 품고, 산은 시인을 품고_오순택_153
장단과 가락으로 건너가는 환상 동화_임신행_160
≪아동문예≫와 종현 오빠, 그리고 나_박옥주_163

당신에게_169
『빨강 자동차』를 드립니다_170 • 내적인 충실_172
가장 길고 오랠 나의 감정의 백서_174 • 풀리지 않는 질문들_178
현재의 감정_181 • 자신에게 던지는 질문_183
아직 잊어버린 것은 아닙니다_185
영원히 잊지 말자고 다짐하는 날_190
단상 '부부 윤리~가을 산조'_193 • 아내의 빈 자리_202
그대와 나 약속했지. '명랑하게'_207

박종현 연보_211
연보_212 • 저서 일람_223 • 수상 일람_225 • 문단 활동 일람_226

제❶부_체험 솔솔 세계 기행

머리글
지구본을 보며 세계 기행을!

　해외여행은 문화와 체험으로 누구에게나 설레는 일이지만 여행 비용과 시간 때문에 어려운 일이고 쉬운 일이 아니다.
　이번에『체험 솔솔 세계 기행』을 쓴 필자도 20년이 넘었지만 감사한 마음이 가득한 것은 해외여행은 어려운 일이기 때문이다.
　프랑스, 이탈리아, 요르단, 인도는 국고 보조금으로, 터키튀르키예, 불가리아, 그리스는 대우자동차 후원으로 이루어졌다. 캄보디아, 베트남은 부산 친구의 성원으로 해외여행을 하여 감사드리고 있다.
　다른 나라도 한국문인협회, 한국잡지협회, 춘추회 임원과 회원으로 책임과 유대로 여행을 하였고, 그 귀중한 곳을 다니며 사진을 찍고 모은 자료를 이용하여 세계 기행을 쓸 수 있었다.
　여러 책을 읽고 나름대로 독후감을 쓰듯이, 여러 나라 여행을 하며 사진과 함께 기행문을 쓰는 것은 당연한 일이다.
　2001년 3월 위암 수술을 받고 마음의 짐을 덜기 위해 세계 여행을 준비하였고, 아내는 초등학교 교장이지만 방학이라 환자를 위해 간호사처럼 나선 것이『체험 솔솔 세계 기행』필자가 되었다.
　또한 월간 ≪아동문예≫를 내면서 화보 지면이 많이 남아 그 자리에 세계 기행을 게재하였고, 그리하여 제작비가 많이 들지 않아 『체험 솔솔 세계 기행』을 제작하는 데 큰 도움이 되었다.

집에도 있고 사무실에도 있는 지구본을 보며 『체험 솔솔 세계 기행』을 다듬으며, 함께 여행한 분들께 감사드리고 있다.

월간 ≪아동문예≫ 편집실에서
박 종 현

체험 솔솔 세계 기행_차례

1. 예술과 낭만과 자유의 도시 파리
2. 사랑과 고적의 도시 로마
3. 사막의 박물관, 요르단의 페트라
4. 다양성과 융합의 인도
5. 날마다 무지개 뜨는 초록빛 섬 하와이
6. 로스앤젤레스와 디즈니랜드
7. 한·일 아동문학 교류를 위한 행사
8. 민족의 성지 백두산 천지
9. 중국 만리장성과 자금성
10. 대화를 위한 마카오, 선전, 홍콩의 여행
11. 일본 문화예술의 동화마을 탐방
12. 오토바이 도시, 타이완 관광
13. 터키와 아름다운 아스탄불
14. 한·불가리아 문학의 밤
15. 역사와 신화의 나라 그리스
16. 로스앤젤레스에서 열리는 문학 축제

1. 예술과 낭만과 자유의 도시 파리

 한여름이었지만 14박 15일 예정으로 프랑스, 이탈리아, 요르단, 인도 4개국 해외여행을 앞두고 가슴은 설레기만 했다. 처음으로 여권이라는 것을 쥐어 보고 국제선에 올라 미지의 세계를 향해 떠날 수 있기 때문이다.
 드디어 1984년 8월 10일 밤 9시 20분, 비행기는 캄캄한 밤하늘을 날아서 10시간 만에 알래스카 앵커리지공항에 도착하였다. 앵커리지공항에서는 비행기의 급유와 승무원의 교체를 위해 한 시간 이상 지체하였다.
 공항 밖으로는 나갈 수 없었지만 공항 대기실 2층 베란다에서 황량한 알래스카의 벌판을 바라보기도 하고, 1층에서 특산품들을 구경하기도 하였다.

 알래스카는 원초적인 신비의 자연과 싱싱한 태초를 그대로 느낄 수 있었다.
 다시 KAL기에 탑승, 대서양 북단을 횡단하여 장장 10시간의 비행 끝에 샤를드골공항에 도착하였다.
 에스컬레이터를 타고 대기실로 나와 회전으로 돌아가는 벨트 위의 짐들을 찾아 대기하고 있었던 여행사의 버스에 올랐다.
 파리도 여름이었지만 아침 공기는 싸늘하였다. 파리 주변의 전원 풍경은 그동안의 피로를 말끔히 씻어 주었다.
 파리 중심가에 자리 잡은 몬트팔마스 파크호텔에 여장을 풀기 위해 로비에서 수속을 밟는 중, 늘씬한 흑인 미녀들과 뚱뚱한 아랍 미녀들의 떠드는 소리를 들으니 국제도시에의 입성이 더욱 실감 난다.

같은 방을 쓰게 되는 작가와 한국인이 경영하는 오아시스식당에 갔다.

그동안 KAL 기내에서 양식과 한식을 번갈아 가며 몇 끼를 먹었는데 한국 식당에서 드는 한국식 점심은 별미였다. 식사를 마치자마자 우리는 강행군을 시작했다. 파리에서의 체류 일정이 3박 4일뿐이었기 때문이다.

외국에 도착하여 제일 먼저 할 일은 방문국의 돈으로 바꾸는 일이었다.

8월은 휴가철이었고 더구나 그날은 토요일이어서 여행자를 위해서 환전해 주는 곳은 샹젤리제가 부근의 한 은행뿐이었다. 차양으로 드리운 은행에는 세계 여러 나라에서 온 여행자들이 큰길의 보도까지 줄을 서 있었다. 마음은 바쁘지만 우리들도 줄을 서서 돈을 바꾸고 나가는 수만큼 안으로 들어갈 수가 있었다. 은행은 우리나라와는 달리 야트막한 계산대가 있고, 안 벽 쪽에는 캐비닛들이 놓여 있어서 은행원들과 부담 없이 대화를 나눌 수 있었다.

달러와 서류를 은행원에게 건네고 프랑이 나오기를 기다리고 있는데 내 뒤에 서 있었던 작가가 나를 쿡 찌르며 앞을 보라고 하였다.

같은 행원인 듯한 두 남녀가 캐비닛 앞에서 부둥켜안고 그야말로 감동적인 키스를 나누고 있었다. 같은 행원들은 뒤쪽이니 볼 수가 없지만, 우리 여행자 4, 50여 명이 보고 있는 앞에서 스스럼없이 키스를 퍼부어 대고 있었다. 동양의 도덕군자 나라에서 간 우리들은 대낮의 불경스러운 모습을 보며 어안이 벙벙할 수밖에 없었다.

환전을 끝내고 시내 관광에 나섰다. 콩코르드광장, 샹젤리제 거리, 개선문, 노트르담성당 등을 감탄을 연발하며 돌았다.

신의 섭리는 태초로부터 공정하게 정대하지 못했는지, 이 지구 상에는 서로 다른 종족, 언어, 문화, 풍습, 환경을 만들었다. 이와 같은 다채로움이 다양성과 조화를 이루는 일이라고는 할 수 있지만, 살기 좋아 맑은 곳, 살기 어려워 어두운 곳을 만들어 같은 인류에게 차별을 준 것은 사실이니까.

파리는 인류가 만들어 놓은 가장 아름다운 예술, 문화, 자유, 사랑의 도시였다.

가는 곳마다 세계에서 모인 여행자들이 줄을 짓고 있는 파리는 온 시가지가 거대한 예술품이었다.

그 많은 것, 그 아름다운 것 중에서 우리에게 하나만이라도 있다면 하는 부질없는 생각까지도 나오게 하는 파리는 아름다웠다. 서양의 여러 나라 사람들이나, 중동의 아랍인이나, 아프리카의 흑인들이 마음껏 활개를 펴고 시내를 활보하는 파리는 그야말로 국제도시였고, 인류의 전시장이 되었다.

그중에서 많은 파리의 시민들은 여름 휴가철을 맞아 해변으로, 산간으로 휴양을 떠나고 방문자들만 아름답게 조각으로 수놓아진 파리의 역사와 문화에 취해 있었다.

파리의 첫날 밤, 세계에서 가장 화려하고 다채로운 프로의 리도쇼를 보기 위해 의견을 함께하는데 많은 이야기들이 나왔다. 파리에 와서 못 보고 가면 후회될 것이라는 강요와, 여행에서 오는 다분히 감미로운 감정 때문에 단체 관람, 단체 비용으로 낙착이 되었다.

　우리들은 서둘러 정장을 하고정장을 안 하면 입장 불가라고 리도쇼를 하는 극장에 들어갔다. 쇼가 시작되자 180cm가 넘는 늘씬한 금발 미녀들이 젖 가리개도 하지 않고 쭉쭉 다리를 뻗어 춤을 추는 모습은 매혹적이고 호화로웠다.

　그 무대의 분위기와 무희들의 의상 때문인지 탄력 있는 유방들을 드러내 놓고 춤을 추어도 추하거나 상스러운 기분은 들지 않았다. 뿐만 아니라 2시간 이상의 관람 시간에 거대하고 다채로운 묘기들은 감탄 속에서 박수를 연발하게 하였다. 맥주를 마시면서 관람할 수 있는 장소였기 때문에 또 울상을 지으며 한두 잔씩 마시기도 하였다.

　둘째 날은 퐁텐블로궁 박물관, 화가 밀레의 생가가 그대로 보존되어 있는 바르비종, 베르사이유궁 박물관을 관람하였다.
　퐁텐블로궁과 베르사이유궁 박물관의 그림과 조각들은 화려하였고 거대하였다. 「만종」 「이삭 줍는 여인」을 그린 밀레 생가는 아직도 밀레의 문패가 그대로 붙어 있고, 밀레가 앉았던 의자들이 그대로 놓여 있어서 우리들은 밀레의 의자에 앉아서 사진을 찍고 떠들며 웃었다. 밀레가 그림을 그렸던 바르비종은 아름다운 전원으로 나무숲이라든가 푸른 들녘이 시골 풍경 그대로였다.
　밀레의 전시회가 우리나라에서도 있었기 때문에 늙은 안내원은 우리들에게 여러 가지로 친절하게 밀레를 설명해 주었다. 평야 지대의 넓은 농촌은 여행자에게 포근함을 안겨 주고, 도시의 탁한 가슴이 말끔히 씻기는 기분이었다.

그날 밤에는 유람선을 타고 센강을 돌면서 다리와 노트르담성당과 에펠탑과 강변의 건축물들을 보며 밤의 낭만에 젖었다. 특히 파리의 밤은 쉽게 어두워지지 않아서 밤의 풍경은 더 아름다웠다.

그다음 날은 루브르박물관, 몽마르트르 언덕, 성심의 성당, 오페라 거리 등을 관람하였다. 아름답고, 의젓하고, 늠름하고, 오색이 창연한 파리의 건물을 보면서, 대통령이 사는 엘리제궁의 총 없는 보초들을 보면서 사진기의 셔터를 많이도 눌렀다. 그리고 지친 몸으로 호텔에 돌아왔다. 그러나 파리의 마지막 밤을 그대로야 보낼쏘냐, 샹젤리제의 극장에서 9년째 롱런하고 있는 '<엠마뉴엘 부인>이냐 그 유명한 <물랑 루즈>냐를 두고 여러 의견이 나왔다가 우리들은 작가의 경험을 위해 극장을 찾기로 했다. 한 극장에서도 1호실, 2호실, 3호실마다 상영되는 필름이 달랐지만 우리가 알 게 뭐람. 아무것이라도 보자고 찾아 들어갔다.

파리는 발랄한 젊음이 넘치는 곳, 빛나는 예술이 숨 쉬는 곳, 평화롭고 자유로운 곳이었다.

그러나 3박 4일의 짧은 파리 여정으로는 남대문의 기둥만 보고 남대문을 보았다는 얘기가 되지 않았는지?

그러니 아직도 나에게 파리는 미지의 도시요. 상상의 도시일 수밖에….

2. 사랑과 고적의 도시 로마

1984년 8월 14일 파리의 호텔에서 새벽 5시에 일어났다.

8시 35분 파리 샤를드골공항을 출발, 몽블랑을 보며 로마로 날아간다.

몽블랑이란 흰 산이란 뜻으로 알프스의 최고봉답게 해발 4,810m라고 한다.

또 몽블랑 밑에는 큰 터널이 있는데 프랑스, 이탈리아, 스위스가 공동으로 비용을 부담하여 1960년부터 1965년까지 6년여에 걸쳐 완성한 7.5마일이나 되는 세계 최장의 자동차용 터널이라고 한다.

알프스산맥을 넘으니 호수같이 잔잔한 지중해를 볼 수 있었고, 소피아 로렌이 주연한 영화에서 보았던 이탈리아의 농촌 풍경을 볼 수 있었다.

그리고 얼마 후 '우수한 것 위에 우수한 것을, 완전한 것 위에 완전한 것'을 부르짖은 이탈리아의 위대한 심볼 다빈치를 상징하는 레오나르도다빈치공항에 10시 35분에 정확히 도착하였다.

'사랑 없이 세계는 세계일 수 없고, 로마는 로마일 수 없다.'고 읊은 괴테의 「로마 연가」를 생각하며 로마로 향한다. 로마의 여름은 우리나라의 늦여름이나 초가을을 연상할 수 있는 기온이었다.

일행이 여장을 푼 마제스틱호텔은 로마의 명동이랄 수 있는 베네토 거리의 고풍스런 조용한 호텔이었다.

호텔 식당의 웨이터들은 60세, 70세가 될 정도의 노신사(?)들로 하얀 정장을 한 채 말없이 빵과 우유와 커피를 날라다 주어 더욱 고풍스러운 곳이었다.

우리들의 첫 방문지는 가톨릭 세계의 성지 바티칸시국. 로마 시내에 있는 세계 최소의 독립국으로, 넓이 0.44km²밖에 안 되지만, 교황은 가톨릭 최고 권위자로 전 세계 가톨릭 신자의 영혼의 고향이다. 바티칸을 상징하는 베드로성당과 바티칸미술관은 바티칸 역사 그 자체로 조형 예술의 거대한 세계요, 인류 문화의 위대한 상징이었다.

이러한 베드로성당은 AD 67년에 그리스도의 제자 베드로가 사형되어 그 무덤 위에 조그마한 성당이 세워진 것이 기원이 되었다.

라파엘로, 미켈란젤로 등 거장의 솜씨 속에 176년에 걸쳐 완성된 성당은 1626년 교황 우르바누스 8세에 의하여 봉납된 것으로 좌우 대칭의 균형 잡힌 공간 속에 10군데 이상의 예배당과 벽감이 있는 세계 최대의 성당으로 사방의 호화찬란한 내부 장식에 그저 눈이 휘둥그레질 뿐이었다.

광활한 성전을 가득 메운 조각품과 웅장한 돔은 한없이 나를 매료시키고 있었다. 바티칸미술관은 찬란함의 극치였다. 장엄하고, 위대하며 눈부신 그림, 조각들이 천장에, 벽에, 기둥에 가득하여 사방을 휘휘 둘러보며 사진을 찍는데못 찍게 하기도 함 정신을 차릴 수 없게 하였다.

시간은 짧고, 볼 것은 많고, 일행은 앞으로 가고, 뒤에서는 밀려오는 관광객 속에서 나는 너무나 바빴다.

바티칸시를 나와 로마 시내의 여러 광장을 구경하였다. 지금은 어디가 어디인지 분간할 수도 없는 곳이지만, 나보나광장, 포폴로 광장, 스페인광장 등을 다니며 정답고 낭만적인 도시의 분위기에 흠뻑 취하고 있었다. 도시의 광장에서는 사랑에 개방적인 여성들이 광장의 큼직한 고추를 내놓은 남자 상들을 보며 사진을 찍고 있었다. 어떤 여성은 고추를 만져 보기도 한다. 시스틴성당, 모세 성당도 장엄한 조각품들로 가득했었다. 돌층계가 바로크 특유의 웅장한 모습을 지닌 그 자체가 거대한 미술관이 되는, 과거와 현재가 함께 살아서 존재하는 '모든 길은 로마로 통한다.'라는 로마, 밤에는 분수가 넘치는 광장을 산책하다가, 체험 솔솔 미성년 자들은 안 다닌다는 극장에서 영화 감상, 파리에서 본 것보다는 훨씬 정서적(?)이고, 품위가 있고, 세련된 영화를 볼 수 있었다. 극장 앞 광장에는 수백 명이 넘는 관광객들이 분수가에 모여서 무대에서 열창하는「산타 루치아」「돌아오라 소렌토로」를 듣고 있는데 극장 안은 나와 같은 숙맥 일행과 노인네들 몇이서 그 좋은 영화를 열심히 보았다.

'콜로세움이 있는 한, 로마는 지속되고, 콜로세움이 무너질 때 로마는 멸망하며, 로마가 멸망할 때 세계도 끝난다.'는 로마의 심볼 콜로세움부터는 이튿날부터의 여정이었다. 콜로세움은 플라비우스투기장이라고도 하는데 기원후 72년에 기공하여 80년에 완공된 로마 최대의 유적으로 직경이 187m, 둘레가 527m, 높이가 57m나 되는 타원형 운동장으로 5만 명이나 입장할 수 있다고 한다. 영화 <쿼바디스>에서 볼 수 있는 곳. 산타마리아교회의 한쪽 귀퉁이에 있는, 거짓말하는 사람이 손을 넣으면 손을 몽땅 끊어 먹어 버린다는 '진실의 입'에 손을 넣어 보고, 로마 시내의 그 힘찬 벌거벗은 육체가 주는 감동의 걸작들을 보며 카타콤지하 묘소을 찾는다. 지하 묘소에는 예배소가 있고 화랑 묘실이 있고, 조각, 벽화, 공예품의 굴속은 너무나 복잡하여 안내자를 놓치면 길 잃은 미아가 된다고 한다. 카타콤에서는 기독교도들이 비밀 집회와 예배를 보기도 했는데 길이가 20km에, 깊은 곳은 12m나 되는, 10만 구의 유해를 수용한 규모라고 한다.

이 카타콤은 석회 지대여서 파기 쉽고, 물줄기가 없고, 시간이 갈수록 석회질이 더 단단해지기 때문에 오늘날까지 보존되어 온다고 한다.

로마 주변에 자그마치 53개 카타콤이 있다고 하니 지하의 유적에도 놀랄 수밖에 없었다.

영화 <벤허>의 촬영지로 유명한 이외극장을 지나고 쉬지 않고 다녔던 곳 로마.

파리가 우울한 잿빛이라면 로마는 향수의 갈색의 도시였다.

이튿날 일찍 트레비샘을 찾았다. 그레고리 펙과 오드리 헵번이 주연한 <로마의 휴일>에 나오는 '영원한 샘' 처녀의 샘은 1735년 클레멘스 12세가 건설한 작품으로, 웅장한 바위 위에 한 쌍의 백마를 두 해신이 이끄는 모습을 새겼고, 그 사이로 맑은 물이 용솟음치게 만들었다. 세계 여러 나라에서 온 관광객들은 반드시 트레비샘을 찾는다. 그리고 어깨 너머로 트레비샘에 동전을 던진다. '다시 로마에 오게 해 달라.'는 기원과 함께. 동전은 햇빛에 반짝이며 코발트빛으로 매혹적인 트레비샘 바닥에 떨어진다.

그것을 보며 관광객들은 사진을 찍으며 웃음을 나눈다. 트레비샘을 구경하고 나폴리로 향했다. 로마에서 나폴리까지의 거리는 4백여 리로 흔히 '태양의 가도'로 불리고 있다. 로마의 마지막 날이라 우리 일행은 「오 솔레미오」「산타 루치아」를 부르며 우리 민요들도 생각나는 대로 모두 부르며 가도를 달렸다.

'나폴리를 보고 죽어라.' 할 정도의 오랜 역사와 생명을 유지해 온 나폴리.

바다는 주옥같이 아름다웠다.

나폴리에서 「돌아오라 소렌토로」로 우리에게 잘 알려진 소렌토까지의 해안은 '해안을 따라가는 세계에서 가장 아름다운 산책로'라고 한다. 해안의 절벽은 호텔이 줄을 잇고, 코발트빛 바다에는 하얀 배들이 물거품을 남기며 다니고 있었다.

나폴리에서 멀지 않은 폼페이는 AD 79년 8월 24일 갑자기 일어난 베수비오화산의 폭발로 도시 모두가 화산재에 묻히고 말았다. 그 후 1600년의 세월이 흐른 뒤, 한 농부가 밭에서 청동과 대리석 파편을 발견한 이래 발굴이 시작되어, 1860년경부터는 조직적으로 발굴을 진행, 5분의 3이 발굴되었다.

발굴된 모습에서 공공 광장을 중심으로 공동 목욕탕, 극장, 레스토랑, 유곽, 돌 포석을 깐 횡단보도의 흔적이 그대로 남아 있다.

성을 상징하는 그림과 조각, 낙서 등을 보면서 인류의 영원한 욕망의 발자취를 보는 듯했다.

베네트 거리는 큰 가로수들이 줄지어 있어서 아늑하고 서늘하였다. 거리에 거대한 조각품들로 장식된 바로크 건물의 아름다움은 고대와 현대가 이어지고 있어서 역사의 영원함과 찬란함을 느낄 수 있었다. 사흘 밤 동안 로마 내의 광장에 나와 무대 위에서 로마인들이 열창하는 이탈리아의 민요 「오 솔레미오」와 「돌아오라 소렌토로」 「산타 루치아」 등을 들으며 박수를 보냈다. 여행자들과 함께 어울려 이탈리아의 민요에 취해 있는 광장에는 의자들과 테이블이 놓여 있고, 맥주를 팔고 있어서 로마의 밤은 더욱 흥취가 있고 향기로웠다. 풍부한 감성과 낭만 속에서 삶을 즐기는 로마인들, 콜로세움, 트레비샘, 카타콤 등의 수많은 역사적 유물과 바티칸, 베드로성당, 바울성당 등 세계적인 성당에 종교적인 조각과 그림이 휘황찬란하도록 가득하여 그들의 행복하고 풍요한 관광 자원이 되고 있었다.

로마의 마지막 밤.

보도로 나온 카페 테라스에서 피자를 먹으며 와인을 마신다.

아름다움에 대한 이탈리아인의 고유의 천성을 부러워하고, 섬세하고 예민하게 본능적으로 예술을 사랑하는 이탈리아인을 생각한다.

3. 사막의 박물관, 요르단의 페트라

　1984년 8월 17일 늦은 시간 오후 6시, 요르단의 수도 암만에서 4km 떨어진 알리아국제공항에 발을 딛고 있었다.
　알리아는 요르단 후세인 왕의 아내 알리아 왕후의 이름을 딴 공항의 명칭이라고 한다.
　한 명의 남자가 아내를 네 명까지 둘 수는 있지만 그중에서 한 여자만 특별히 사랑해서는 안 되고, 똑같이 평등하게 사랑해야 된다는 이슬람 규범도 절대 권력의 왕에게는 통용이 되지 않았는가? 요르단 왕의 아내 이름인 알리아국제공항.
　석양에 발을 딛는 알리아국제공항은 기관총을 들고 서 있는 요르단 군인으로 하여금 우리 일행들은 스산함을 느낄 수밖에 없었다.
　'여행은 나의 정신을 항상 젊게 한다.'는 안데르센의 자서전을 떠올리고, 서울을 출발하기 전 요르단의 입국 비자 발급을 받았지만, 입국이 거절되면 어쩌나 싶어 가슴이 조마조마하였다.
　삼엄한 공항의 분위기는 이스라엘과 국경을 접하고 있고, 많은 팔레스타인이 무리 지어 살고 있는 중동의 한복판의 일이라 이해할 수 있다고 하더라도, 자기 나라를 찾아간 승객들을 향한 기관총의 총구는 이역의 땅에서 싸늘함을 느끼게 하였다.
　요르단에 있는 우리나라 대사관과 현지 해외 건설업체에 이미 연락이 되어서 마침 대사관 직원과 건설업체의 지사장이 나와서 공항의 관리들에게 충분한 설명을 하였다. 입국 수속을 마치자

요르단 입국은 쉽게 이루어졌다.

공항 밖으로 나오니 초가을처럼 서늘하여 무더운 사막의 열기로 가득할 것이라는 생각들을 지워 주었다.

요르단은 국토의 대부분이 고지대여서 낮에는 덥지만 밤에는 시원하다고 한다.

요르단은 북쪽은 시리아, 북동쪽은 이라크, 동남쪽은 사우디아라비아에 접해 있고, 요단강의 서쪽은 이스라엘이고 동쪽이 요르단이라고 한다.

국토의 5분의 4가 불모의 산이라 중동의 사막에서 가장 가난한 나라지만, 그러나 광물 자원이 풍부하고 요단강 유역에서 채소와 바나나가 재배되어 수출을 한다고 한다.

대기하고 있는 버스에 올라 암만시의 앰버서더호텔까지 달리니 한 시간가량 걸렸다.

호텔 2층 지정된 방에 여장을 풀고 샤워를 하였다. 물을 담는 탕은 없었다.

잠시 후 앰버서더 1층에 있는 한국 식당 한국관에 들어서니 김치와 불고기와 술이 기다리고 있었다. 삼환기업 요르단지사장의 만찬이었다. 오랜만에 우리 음식과 술을 들면서 새벽 1시 반까지 즐겁게 어울렸다.

이튿날은 글로만 읽었던 죽음의 바다 '사해'를 찾아 해수욕을 하고 바닷돌을 줍기도 하였다. 일행 중에는 해수욕 수영복도 없이 평소의 팬티 바람으로 첨벙첨벙 바닷속으로 뛰어들자 너도 나도 둥둥 뜨는가 보자고 옷들을 벗고 물속으로 뛰어들었다. 좋은 해수욕장은 못 되어 바다 밑은 펄이 많았고 바닷가도 모래보다는 자갈투성이였다.

　사해에서 나와 평야 지대인 가나안 땅의 젖줄 요단강을 찾아갔다. 요단강에서 발도 씻고 세수도 하였다. 요단강은 작은 냇물이 흐르는 강이었지만 중동의 사막에서는 축복받을 만한 강이었다. 강 건너편 철조망에서는 이스라엘 군인들이 우리들 일행에게 가까이 오지 말라는 손짓을 하였다.

　요단강에서 다시, 출애굽하여 이스라엘 백성을 이끌고 가나안 땅을 찾아오다가 끝내 강을 건너지 못하고 모세가 숨을 거두었다는 시나이산을 멀리서 보며 사진을 찍는다.

　물도 없고 나무도 없는 황무지의 사막은 종교가 크게 발전할 수밖에 없는 곳이었다.

　종교의 힘이 없이 그런 사막에서 살아가기란 너무 힘이 들 것이다.

　그리하여 중동의 역사는 아브라함, 그리스도, 마호메트 세 사람의 이름으로 집약되고, 유대교, 그리스도교, 이슬람교라는 3대 유일 신교가 성장해 신의 축복을 받았던 땅이기도 하다. 하지만 신으로부터 주어진 중동의 가나안 땅은 과연 지상의 낙원이었을까?

　이 요르단 여행 중에서 가장 강렬하고도 인상적인 곳은 사막의 바위산 안의 옛 도시 페트라였다. 사막의 바위 구릉에 숨겨져 있던 석굴 도시 페트라는 삶의 경외스러움을 주는 역사적 유적지였다. 요르단의 수도 암만에서 262km 떨어져 있어서 봉고차로 4시간이나 걸리는 곳이었다.

　사막의 포장도로를 따라 달리는 차창 밖은 삭막한 풍경뿐이었다.

　요르단의 사막은 광활한 모래 더미 산으로 벌판이 아닌 척박한 자갈투성이 땅이었다. 군데군데 말라비틀어진 풀들이 돋아나 있고, 언뜻언뜻 유목민이 놓아기르는 양 떼들이 길가를 뛰어다녔다.

　불볕 사막인데도 서늘한 바람이 불어서 그렇게 많은 땀은 흘리지 않고 사막의 석굴 도시 페트라에 도착할 수 있었다. 페트라는 BC 5세기경에 고대 아랍 종족인 나바티안족이 건설한 도시로 페트라란 '바위'라는 뜻이고 『성서』에는 SELA로 기록되어 있다고 한다.

　바위 속의 도시 페트라는 동서를 잇는 실크로드의 오아시스로, 중국에서 로마로 통하는 무역 중계지였다. 그러나 AD 5세기경 로마군이 점령하여 페트라 시민은 전멸되었고, 도시는 폐허가 되고 말았다.

　그런 뒤로 1,300여 년간 외부로 알려지지도 않고 지도상에서 사라진 도시가 되고 말았다. 그런데 AD 1812년 스위스 탐험가 요한 루트비히 부르크하르트에 의해 발견되고 상형 문자들이 해독이 되면서 세상에 그 모습이 알려지게 되었다.

　1,800여 년 동안이나 외부 세계에 알려지지 않았기 때문에 페트라는 오히려 현대에서 고대를 볼 수 있는 원형이 되었다.

　그래서 요르단 정부에서는 지금도 개발하지 않고 그대로 두고 있다고 한다.

　밖에서 보면 바위로 된 구릉이지만, 안으로 들어서면 병풍으로 에워싼 듯한 공간이 있는 천연의 요새지였다.

　입구에서 페트라로 들어가는 길은 2km 정도, 폭은 5~6m 정도

이고, 높이는 30~50m 정도의 절벽 사잇길이다.

　물론 자동차는 다닐 수 없으며 자갈과 돌덩이 사이를 걸어서만 다닐 수 있기 때문에, 입구에는 관광객을 위해서 원주민 안내인들이 말을 타고 갈 수 있도록 수십 마리의 말을 대기시켜 놓고 있었다.

　열대의 햇빛과 바람으로 검게 탄 얼굴이나 남루한 옷들이 원주민들의 가난을 잘 설명해 주고 있었다.

　모세 소년이 끄는 말을 타고 험한 절벽의 사잇길을 따라 30분 정도 들어가니 외딴 분교 운동장만 한 공지가 나타났고, 정면의 바위산에 기둥을 깎아 세운 신전이 있었다.

　신전을 주위로 사방은 병풍 절벽이었고, 그 절벽 사이로 푸른 하늘이 넘쳐흐르고 있었다. 신전의 벽에는 십자가가 새겨져 있었는데 한때 로마군과 십자군이 주둔했기 때문이라고 한다.

　병풍 같은 바위산 여기저기에 수백 개가 될 집房들이 만들어져 있고, 사람들이 죽어서 묻힌 무덤들도 모두 바위를 파고 만들었다.

　조금 아래쪽으로 내려가니 노천극장, 놀이터, 시장터 등이 있었고 돌로 놓은 보도가 크게 놓여 있었다.

　절벽을 수평으로 이어 가며 만든 수로는 페트라의 높은 문화와 건축, 조각 기술의 상징이기도 했다.

　페트라의 수도관이 이처럼 발달한 것은 도시 안에 물이 없어 50km나 떨어진 외부로부터 물을 끌어와 먹었기 때문이었다.

　그러나 이런 천연의 요새지 페트라 시민들은 로마군에게 10여 년 동안 끈질긴 항쟁을 하였다. 그러나 로마군이 이 수도관으로 흘러오는 물줄기를 찾아 차단했기 때문에 멸망하고 말았다고 한다.

　바위 속의 수없는 집과 무덤들을 뒤로하고 다시 말을 타고 돌아오니 나바티안족의 페트라 시민의 원혼이 사방에서 떠돌아다니는 듯했다.

　폼페이가 인간의 영화와 환락의 유적지라면, 페트라는 인류의 원한과 애련의 유적지라고나 할까.

4. 다양성과 융합의 인도

　중동 사막 지방의 무덥고 긴 여름날.
　1984년 8월 20일 오후 1시, 요르단 암만의 알리아국제공항을 이륙한 비행기에서 사우디아라비아 반도의 사막 지대와 페르시아만의 검푸른 바다를 내려다볼 수 있었다.
　사우디아라비아의 북부 상공을 지난 비행기는 기내 청소를 위해 바레인국제공항에 잠시 기착했다가 카타르의 도하국제공항에 둔중한 몸을 착륙시켰다.
　아랍에미리트와 카라치인도를 거쳐 목적지인 인도의 델리로 가는 비행기로 갈아타기 위해서였다. 도하공항에서 대기하는 4시간은 무료했다. 그동안 나는 중동 몇 나라의 코인을 모으느라 1달러씩 두 번을 교환하였다.
　밤 9시 35분 카타르 도하공항을 출발하는 비행기에는 석유가 나오는 중동의 일터에서 노무자로 일하다 고국으로 돌아가는 많은 인도인들이 탑승하고 있었다. 커다란 라디오들을 모두들 하나씩 든 채.
　새벽 5시, 도마뱀이 공항의 천장에서 곡예를 부리며 기어가고 있는 델리국제공항에 도착하였다. 아프리카에서 온 인도인들이 자기들 나라에 왔다고 앞장을 섰고, 총을 든 군인들이 여권과 비자를 조사하는 삼엄한 분위기였으므로 멀찍이 서서 차례를 기다리는데 한국대사관 공보관이 나와서 안내를 하였다.
　짐을 찾아 들고 나와 공항 밖에 대기하고 있었던 관광버스에 올랐다. 새벽이었지만 열대의 공기는 후덥지근하다. 푸른 나무와 잔디로 뒤덮인 시가지를 40분쯤 달려서 델리 중심가의 하얏트호텔에 도착하니 종업원들이 꽃목걸이를 걸어 주면서 환영을 하였다. 호텔로 오면서 버스의 차창 밖을 내다보니 길가의 풀밭에서는 돗자리만 펴놓은 채 인도인들이 여기저기서 잠을 자는 모습이 보였다.

주민 등록이 제대로 되어 있지 않아서 인구가 7억인지 8억인지 조차 헤아릴 수 없는 나라, 인간의 최상의 호화로움과 최상의 가난함을 함께 지니고 있으면서도 순응해 살고 있는 큰 나라, 뿐만 아니라 인류의 아름다운 세계와 추한 세계가 함께 융합하는 다양성의 나라, 전근대와 초현대가 함께 숨 쉬며 뒤범벅이 된 역사의 나라.

이런 나라의 첫 방문은 풀밭에서 잠을 자는 인도인들을 보면서 나는 조금은 우수에 젖어 가고 있었다.

종교적 신앙으로 소를 받들고, 소는 시바 신이 타는 것, 소는 시바 신의 화신으로 힌두교도들은 믿는다. 직장이 없고 먹을 것이 없어도 불평불만이 없고, 노랗게 영양실조된 얼굴에서도 눈빛은 반짝이고 있다.

그리하여 인도인들은 마음에 천국을 갖고 있다.

인도의 수도 델리는 옛날 무굴 왕조 시대부터 내려와 고대의 유적이 산재하고 있는 올드델리와 영국이 식민 통치 중 행정 수도로 건설한 뉴델리가 있다.

거대하고 장엄한 도로 옆에 있는 국회의사당, 종합청사 등의 건물과 흑적색의 성벽, 자마, 실버스트리트, 간디 묘소 등을 돌아 보며 오묘하고 신비스러움에 한껏 취해 본다.

파리나 로마의 유적들이 밖으로 화려하고 웅장하다면, 인도의 유적들은 안으로 오묘하고 신비스러워 경이롭다고나 할까. 장례식에 인도 국민 300만 명이 모였다는 간디 묘에는 항상 꽃이 놓여 있고 항상 촛불이 켜져 있다고 한다.

우리 일행도 간디의 묘소를 참배하기 위해 수십 미터 앞에서 신발을 벗어 보관하고 양말 바람으로 묘소까지 걸어갔다. 묘소에는 인도 각지에서 몰려온 참배객들이 줄을 잇고 있었다. 새까만 머리와 눈, 하얀 이와 빨간 입술이 건강미가 넘치는 적갈색 피부의 여성들이 배와 배꼽을 내놓고 참배하고 있었다. 사리라는 인도 고유의 한 장의 천으로 된 옷을 입어 허리와 배의 곡선이 넘치는 모습은 매혹적이었다.

이마는 반듯하고 콧날은 우뚝해서 이지적으로 보이는 여성들이 내놓고 있는 배와 배꼽의 신선함은 아름다웠다. 이마에 붙인 빨간 점, 반짝이는 목걸이, 팔걸이, 귀걸이, 발걸이를 하고 호텔에 나온 인도 상류층 여인들도 사리를 걸치고, 남자들의 눈길을 끌고 있었다.

델리에서는 달러를 루피인도의 화폐로 교환하여 사용하였다. 프랑스에는 프랑, 이탈리아에서는 리라로 바꾸어 사용하였지만 그 나라의 화폐가 없을 때는 달러로 통용이 되었다. 그러나 인도에서는 값싼 물건들을 사기 위해서는 계산이 복잡하여 루피를 소지하는 것이 편리하였다.

델리에서 끈끈하고 후텁지근한 여름밤을 새우고 이튿날인 22일 아침 7시 30분 인도 국내선에 탑승하여 아그라로 향하였다.

아그라는 옛날 무굴제국의 수도로, 가장 호사스러운 사랑의 묘당, 가장 아름다운 사랑의 묘당, 가장 아름다운 백색의 건조물,

인간이 상상할 수 없는 조형미의 극치 타지마할이 있었다. 아그라의 쉴튼호텔에 들어서니 현관에서는 코끼리, 낙타, 삼륜차, 택시 등을 두고 관광객을 유혹하고 있었다.

지정된 방에 짐을 옮겨 놓고 세계 7대 불가사의 중의 하나인 회교 묘당 타지마할과 아그라 요새, 파테푸르 시크리와 시내 관광에 나섰다. 차창 밖으로 보이는 인도의 넓은 들, 거대한 인도의 사상은 무엇인가를 생각해 본다.

우리나라를 아시아의 등불이라고 읊은 인도의 시인 타고르는, '영원한 자유는 사랑 속에 있고, 위대한 것은 작은 것 속에 있다.'고 노래하였다.

인도 독립의 아버지 간디는 '인간의 육체에는 음식이 필요하지만, 인간의 영혼에는 기도가 필요하다.'고 말했다.

사랑의 상징 타지마할은 무굴제국의 사자한세계의 황제이 뭄타즈 미할왕비 중의 제1인자을 위하여 22년간의 공사 끝에 준공한 회교식 묘당이다. 멀리서 보면 건물 전체가 하얗게 눈부시고, 가까이서 보면 붉고 푸른 정교한 무늬들이 황홀하기만 하다.

건물 정면에는 긴 연못이 반듯하게 있어서 새벽의 동이 틀 때, 한낮 햇볕이 내리쬘 때, 저녁놀이 질 때, 밤에 달빛이 비칠 때 각각 다른 분위기가 형성된다고 한다.

타지마할은 뭄타즈 마할이 서른여섯 살의 젊은 나이로 14번째 아이를 낳다가 죽자, 사자한은 왕궁에서 바라보이는 야무나 강가에 터를 잡아 아름다운 묘당을 지었다고 한다.

건물에 장식할 보석을 구하기 위해서 대상들을 여러 곳에 파견하여, 비취는 중국이나 이집트에서, 루비는 버마미얀마에서, 진주는 다마스커스에서 구해 왔다. 그리고 건축가는 페르시아에서, 조각가와 보석 세공사는 프랑스, 이탈리아에서 초빙해 왔다고 하는데, 내부 장식에 쓰인 진주만도 10,000개, 동원된 노예만도 20,000명이나 되었으니 그 규모와 호사스러움에 놀랄 만하다.

묘판에 새겨진 아라비아 문자로 쓰인 비문은 '신은 영원하시며, 신은 완전하도다.'라고 새겨져 있는데, 영원한 두 사람의 사랑의 완전은 저승에서의 두 사람의 결합을 암시한 것이라고 한다.

아그라에서 낮과 밤을 보내고 이튿날인 23일 오전 8시 30분, 바라나시로 향하는 비행기에 올랐다.

바라나시는 우타르프라데시주 남동부에 있는 갠지스 강가의 옛 도시로 힌두교의 7대 성지의 하나, 1,500여 개의 사원이 있는 시바 신앙의 중심지이다.

시바창조와파괴의신 신을 믿는 힌두교도들은 갠지스강의 성스러운 물에 목욕을 하면 이 세상의 잘못이 속죄가 되고, 죽은 뒤 갠지스강에 던져지면 죽어서 극락으로 간다고 믿는다. 힌두교도들은 죽음이 가까워지면 먼 곳으로부터 이곳 갠지스강으로 찾아온다. 그래서 바라나시는 거지와 병신들이 득실거린다고 한다. 파리나 모기조차도 죽이지 않고 도를 닦으며 먹을 것이 떨어지면 조용히 죽음을 기다린다. 그래서 인도에서는 수백만 명이 기아로 굶주리면서도 소를 해치지 않는다.

때문에 1억 5천만 마리의 소와 4천만 마리의 물소가 인도에서는 평화롭게 살며 거리를 활보하고 있다.

뿐만 아니라 인도인들은 인간이 죽어서 다시 태어날 때는 동물로 태어난다는 윤회 사상이 마음속에 가득하기에 앞으로도 인도에서는 소의 천국에 변함이 없으리라.

바라나시에서 서쪽으로 300km 떨어진 사원의 미투나남녀합환상 조각은 유명하다고 한다. 힌두교의 찬드라 사상에 의하면, 남녀의 결합은 인생 최고의 이념인 해탈의 경지에 도달하고, 그리하여 사랑은 인간의 이상이며 종교의 상징으로 부끄러운 것이 아니었다. 남녀 간의 육체적인 교합은 노동, 식사, 기도 등 다른 일상생활의 영위와 완전히 같이 취급되었다.

9세기부터 13세기에 이르기까지 중부 인도와 북부 인도를 지배했던 찬드라 왕들은 수도에 힌두교와 자이나교의 사원을 80여 개나 세우고 찬드라 조각 예술을 상징적으로 만들었다. 그러나 찬드라 왕조는 이슬람 세력의 침략을 받아 멸망하고 사원들은 우상을 싫어하는 이슬람교도에 의하여 파괴되었다. 그러다가 19세기경에 재발견된 사원이 22개로 이곳에서 찬드라 사상의 조형물이 발견되었다.

인도의 에로티시즘은 카주라호의 미투나상 조각뿐 아니라 기원전 1,500년경부터 성전인 『베다』가 만들어졌었다. 유명한 『카마수트라』성애의 성전를 비롯하여 중세 인도의 서사시 속에서도 관능적인 묘사는 상징적으로 자주 나온다고 한다.

바라나시의 북쪽에는 불교의 성지 사르나트가 있고, 석가가 다섯 명의 비구니에게 진리를 설파하였다고 하는 녹야원사슴의 동산이 있다.

사실 불교가 인도에서 개교되었고, 석가가 인도에서 설법했으나, 인도는 대부분 힌두교도이고 그다음이 이슬람교이며 불교도는 얼마 되지 않는다고 한다. 어느 나라든 관광 명소나 유적의 대부분이 종교와 관계가 있지만, 인도처럼 실제로 종교가 살아 있는 곳은 없을 것이다.

어느 나라를 가더라도 성지라고 불리는 곳은 많겠지만 인도는 정말 성지가 많은 나라이고, 어떤 도시 어떤 마을이나 힌두교 사원, 이슬람교의 사원이 눈에 띈다.

관광 명소도 성채, 왕궁, 왕릉을 제외하면 종교의 유적이 대부분이다.

확실히 인도는 종교의 나라요, 정신의 세계인 것이다.

너무나도 정신적이어서 무엇이든 신과 종교로 돌려 버리는 인도는 다양한 문화의 혼돈 속에서도 통일과 자유를 향유하고 있다. 큰길 가장자리를 유유히, 비좁은 골목을 어슬렁어슬렁 걸어 다니는 소들의 풍모도 넉넉하고, 딱딱한 통나무에 손님을 앉혀 놓고 면도를 하는 이발사의 눈빛도 유연하기만 하다.

갠지스강 물에서 남녀가 옷 입은 채 목욕을 하고, 여인의 옷이 물에 젖어 육체가 훤히 드러나게 곡선을 그어도 경건하기만 하는 인도와 인도 사람들, 그들은 너무 가난하고, 그들은 너무 인구가 많아서 사는 데 지쳐 있는 것 같기도 하고, 종교에 정신을 집중시켜 현세에서 초월한 영혼의 세계에 머무는 듯하다. 18세기 네팔 사원, 석가가 최초로 설법했다는 사르나트 학교, 불교 사원 등의 관광을 마치고 후 8시 델리로 향하는 비행기에 탑승하였다.

김중업 씨가 설계했고, 당시 이범석 씨가 인도 대사로 재직할 때 지었다는 한국대사관은 넓은 정원의 맘모스 건물이었다. 이날 밤 대사관에서는 우리 문인 일행과 인도로 온 한국의 유학생들을 초청하여 만찬을 베풀었다. 싱가포르까지 가서 비행기로 공수해 왔다는 쇠고기로 요리를 하고, 순 한국식 배추, 파김치가 우리들의 밥맛을 돋구었다. 우리 대사관 건물은 그 아름다운 건축미 때문에 여러 나라의 부러움을 사고 있는데, 인도의 건축학도들이 자주 방문하여 배워 간다고 한다.

『왕오천축국전』을 쓴 혜초 스님처럼 인도를 다녀오지 못하고, 3박 4일을 버스와 비행기로 후딱후딱 스친 내가 1,652가지의 다른 언어가 쓰이고, 많은 종족이 사는 인도를 보았으면 얼마나 보았을 것인가.

다시 한번 가 보고 싶다.

5. 날마다 무지개 뜨는 초록빛 섬 하와이

태평양 상공을 날고 있는 비행기가 일부 변경선을 넘자 동이 트며 날이 밝아 오기 시작했다. 비행기 밖으로 내다보이는 구름이 바알갛게 노을로 빛나고, 하얀 구름은 몽실몽실 피어올라 꽃구름으로 둥둥 떠오르고 있었다.

우리나라 시간으로는 1989년 3월 7일이 시작되는 2시이지만, 하와이 시간으로는 3월 6일 새벽 6시이다.

날이 밝아 오자 탑승객들이 모두들 자리를 고치며 일어나고 있다. 승무원들이 자리로 날라다 주는 아침 식사를 하고 나니 시간 차이는 느끼지만 아침은 아침이었다. 호놀룰루공항에 도착하니 봄옷이 더워서 견딜 수가 없다. 하기야 공항에서 입국, 출국을 수속하는 여러 곳에는 선풍기가 돌고 있었다.하와이는 지금이 겨울이라 한다. 공항 한편에 있는 간이 탈의실로 가서 초여름에나 입을 가벼운 옷으로 갈아입었다. 그리고 공항에서 '알로하!'안녕하세요. 잘 가세요. 또 만나요. 사랑하고 있어요 등의 뜻이 담긴 하와이 말를 연발하며 꽃목걸이를 걸어 주는 수영복 차림의 아가씨들과 기념사진을 찍고 여행사의 버스에 올라 관광에 나섰다.공항에서 호텔로 직행하지 않고 아침부터 관광에 나서는 것은 하루의 숙박료를 줄이기 위해서였다.

하와이는 서기 1,500년경부터 사람이 살기 시작한, 지구에서 가장 늦게 생성된 땅으로 1778년 영국의 탐험가 제임스 쿡에 의해 발견되어 세계에 알려진 태평양의 초록빛 섬들이다.

하와이는 무려 138개 섬이 모여 하와이주를 이루지만, 그중에서 큰 섬은 마우이, 카호올라웨, 라나이, 몰로카이, 오아후, 카우아이, 니하우 8개로 경상북도만 한 면적이다. 그중에서 이번에 여행을 한 곳이 오아후로 실제 하와이를 대표할 수 있는 섬이다. 하와이주의 주 청사가 있고 국제공항이 있는 호놀룰루시도 이 섬에 있으며 하와이주 전체 인구 100만명 중 70%가 이 섬에 살고 있기 때문이다. 다른 섬들이 깎아지른 절벽인데 비해 이 섬은 배가 닿을 수 있는 항만 시설이 천연적으로 되어 있기도 하다.

우리나라 첫 이민이 이 땅에 들어오기는 1903년이었으니 우리 교민도 3만이나 된다.

중국의 200년, 일본의 100년에 비해 짧은 역사이지만, 교민들은 부지런하여 경제적으로나 사회적으로나 지위가 향상되고 있다고 한다. 사탕수수밭의 일꾼으로 배를 타고 찾아온 우리 이민 1세들에게 고국에서 사진만 보고 신랑을 찾아온 신부들은 눈물도 많이 흘렸다고 한다. 신부들은 20대 이전이고 신랑들은 40대 이상이었으니 머나먼 이국까지 찾아와 설움도 많았단다.

공기와 물이 맑아서 날마다 무지개가 피어오르는 이 섬은 나무가 푸르러 초록빛으로 빛나고 꽃들이 많이 피어 꽃의 천국이기도 하다. 또 이 작은 섬에 골프장이 58개나 되어 골프의 천국이라고도 한다.

그래서 지난해는 관광객이 620만이나 이 섬을 찾아와 하루 평균 1만 7천~8천 명이 호놀룰루공항에 내렸다고 한다.

바람이 세차게 부는 바람 산누우아누 팔리에서는 구름이 산 고개를 오르며 만들어지는 과정을 눈으로 환히 바라볼 수가 있었다.

1949년에 세워진 국립묘지 펀치볼에서는 제2차 세계대전과 한국전쟁에서 죽은 2만 5천 장병의 묘비가 파란 잔디 속에 평평하게 누워 있는 것을 보았다. 서양 사람들은 묘소에 봉분을 만들지 않는 것이 우리와는 특이하게 달랐다.

중국인들의 공동묘지에는 한자로 된 비석이 높이 세워져 있고, 마찬가지로 우리 교포의 묘소도 한글이나 한자로 된 비석이 세워져 있었다.

이승만 박사의 동상이 뒤뜰에 서 있는 한인기독교회에 들러 기념 촬영을 하며 먼 이국에 와서 가난하고 어려운 타국 살림에서 독립 자금을 정성껏 내놓은 교민 1세들을 생각하며 눈시울이 뜨거워졌다.

교포가 경영하는 동백식당에 한식 뷔페로 점심과 진로 소주를 마시게 되니 한결 마음이 편하고 즐겁다. 하와이는 정말 물이 좋다고, 마음껏 많이들 들고 가라고 식당 여주인이 권한다. 더위라고는 할 수 없는데도 가는 곳마다 얼음물들을 마음껏 마셨다.

알라모아나공원으로 나가 기념사진을 찍고 있는데 지나가던 할머니가 다정하게 부른다. 사진을 찍어 주겠다는 것이다. 호놀룰루 항구를 배경 삼아 사진을 부탁했다. 순간의 인정이 한참이나 즐겁다.

먼 태평양을 바라보며 하와이의 겨울 바다에서 해수욕을 했다. 많은 사람들이 해수욕을 하고 있었다. 겨울에 비가 많이 오고 여름에는 비가 적게 오는 곳이 또 하와이다. 하와이는 봄, 여름, 가을, 겨울 없이 언제나 해수욕을 할 수 있다. 때문에 바닷가 해수욕장에 많은 사람들이 해수욕을 하며 따가운 햇볕을 쬐고 있다.

아침에는 호텔이나 식당에서 하와이안 뷔페 식사를 하고 점심과 저녁은 한국 식당을 찾아 식사를 하였다.

밤에는 와이키키에 있는 인터내셔널 마켓을 구경하였다. 선물 가게가 집단으로 많이 늘어서 있는 큰 시장으로 관광객들이 많이 붐비는 곳이었다. 가게에서 물건을 파는 사람들의 70%가 한국인이라고 했다. 그래서 이곳저곳에서 교포들을 만나 이야기하며 쇼핑을 할 수가 있었다.

구름을 걷어 놓은 듯 맑은 아침에, 키가 껑충 크고 가느다란 야자나무들은 도로변을 더 아름답게 했다.

할아버지, 할머니들도 운전을 하고 다니는 시내를 조금 벗어나 와이키키해변에 닿으니, 아침부터 모래사장은 해수욕을 하는 사람들로 가득하다. 사진에서나 보아 왔던 그 비키니 차림으로.

화산이 크게 폭발한 다이아몬드 헤드를 지나 별장 지역인 카피울라나공원을 보며 오아후섬의 동쪽으로 동쪽으로 달렸다.

가장 자유스러운 나라이기도 하지만 또한 제약도 많은 나라가 미국이라고 한다. 자기 집의 페인트 색깔까지도 자기 마음대로 칠할 수 없을 정도로, 오아후섬 동쪽 카우트보이는 영화 <빠삐용>을 촬영한 곳으로 높은 절벽이 깎아지른 듯 높았다. 그 멀리 모래섬이 보이고.

하와이주립대학 해양연구소는 바다 위에 집이 두 채가 떠 있고, 부근에 유니버설스튜디오도 있다. 멧돼지는 많으나 뱀이 살지 않는 곳, 화력 발전이 25%가 된다는 하와이에서 가장 긴 해수욕장인 와이나말로비치를 달리며 내륙 쪽으로 주름치마를 두른 듯한 병풍 같은 산들을 둘러본다. 비가 오고 바람이 부는 날은 골마다 흐르는 물이 거꾸로 날려 올라가 장관이라고 한다.

물고기조차 환히 보일 듯한 하나우마해변을 지나 산언덕을 보니 우리나라 지도와 지도 안에 마을이 있었다. 고국에서 멀리 떨어져 나와 사는 교민들의 향수가 가슴을 뭉클하게 했다.

하와이 관광의 절정은 민속촌의 민속춤이었다. 사모아, 뉴질랜드, 피지, 하와이, 타이티, 마르케사스, 통가 원주민의 춤이었는데, 수십 명의 남녀들이 각각 고유의 의상을 입은 채 호수의 배 위에서 춤을 추는 것이었다. 춤들과 노래가 각각 달랐다.

민속촌도 사모아, 뉴질랜드, 피지, 하와이, 타이티, 마르케사스, 통가 등 따로따로 만들어서 폴리네시아남태평양, 멜라네시아인도네시아, 미크로네시아미드웨이의 풍속을 이해할 수 있게 했다.

하와이는 빅아일랜드의 남부 추장이었던 카메하메하가 여러 섬을 평정하고 나라를 세워, 1795년부터 8대 왕조가 100년을 통치하였다고 한다. 그래서 미국에서는 유일하게 왕궁이올라니이 있고, 칼라카우아 왕 7세의 동상도 왕궁 앞에 세워져 있었다.

일본의 공격으로 완파되어 시체와 함께 그대로 바닷속에 잠들어 있는 애리조나호 위에 박물관이 세워진 진주만을 돌아보며 호놀룰루의 석양빛에 한없이 젖고 싶었다.

6. 로스앤젤레스와 디즈니랜드

　백인들은 확실히 책을 많이 읽고 있다. 하와이에서 로스앤젤레스로 가는 비행기 안, 백인들은 할아버지, 할머니들뿐 아니라 장년, 청년들도 책을 읽고 있었다. 몇 년 전 유럽 여행 중에서도 공항에서 책을 읽는 백인들을 많이 볼 수가 있었다. 이번에도 (1989년) 도쿄에서 하와이로, 하와이에서 로스앤젤레스로 가면서도 그것을 느꼈다. 시사 잡지나 만화 잡지들이 아닌, 깨알같이 글씨가 박힌 책들을 읽는다. 황인들은 무료하게 앉아 있거나 눈을 감고 잠들어 있기가 일쑤인데, 백인들은 책을 읽거나 글을 쓰고 있었다. 그리고 그들은 예절이 바르며 정확했다.

　비행기에서 내려다보이는 로스앤젤레스의 밤 풍경은 매혹적이었다. 태평양 연안에 길게 늘어선 미국 제2의 도시 로스앤젤레스, 도로가 바둑판처럼 끝없이 길게 늘어서 있다. 도시의 전깃불도 휘황찬란한 가운데 질서 있게 비추고 있다. 가로세로 끝없이 줄을 이어서.
　로스앤젤레스가 속해 있는 캘리포니아주는 인구 2천5백만이 살고 있어서 미국 전체 인구 2억 3천만의 10분의 1을 넘고 있다. 그리고 차량 보유 대수도 1천8백만 대나 되고 도로 정비가 잘 되어 있다.
　로스앤젤레스는 인구 1천2백만이 되어 서울 인구보다 조금 많지만, 면적은 무려 11배가 된다고 하니 그 크기를 상상해 볼 만하다.

특히 로스앤젤레스는 한국인이 많이 사는 코리아타운이 있어서 음식점, 다방, 사진관, 미용실, 선물 센터, 서점, 인쇄, 열쇠, 병원, 식품점, 왕대포, 주유소, 신문사 등 갖가지 한글 간판을 볼 수가 있다. 그래서인지 코리아타운에서는 이곳저곳에 세워진 많은 한국인 교회를 볼 수 있었다.

원래 로스앤젤레스는 미국의 서부에서 금광이 발견되자 동부에서 많은 사람들이 몰려와 사막 위에 건설하였다.

그렇지만 가로수나 집 안의 정원수나 공원의 잔디까지도 수돗물을 마시고 산다.

그 길이가 서울에서 부산보다 더 긴 수원지에서 물을 끌어와 사람들도 먹고 나무들도 마시며 사는 것이다.

1개의 국제선과 3개의 국내선이 있는 4개의 공항이 있는 로스앤젤레스, 숙소는 미드타운의 힐튼호텔이었지만 식사는 한국 식당에서 했다.

억만장자 그리피스가 죽으면서 시에 기증한 그리피스공원에는 그리피스천문대, 영화배우 제임스 딘의 동상이 있고, 골프장이 4개나 있다.

유명한 할리우드는 로스앤젤레스의 길 이름으로 1911년 이곳에 영화 촬영소가 들어와 유명하게 되었다. 영화 제작에는 햇빛 많은 날씨와 산과 사막이 있어서 변화를 나타낼 수 있는 조건이 좋았다.

인조 대리석에 인기 스타의 별 판과 손도장, 발도장이 찍혀 있는 명성의 거리는 할리우드에 있어서 관광의 명소가 되고 있다.

한국인으로서는 제2차 세계대전 중 해군 장교로 복무했다가 20년 동안 영화 배우로 활동했던 도산 안창호 선생의 아들 필립 안의 별 판이 명성의 거리에 있다.

상상의 세계, 영원한 미완성 디즈니랜드

만화가 월트 디즈니는 매주 토요일이면 두 딸과 함께 공원에 나가 놀았다.

그런데 두 딸은 재미있게 놀고 있는데 아버지인 자신은 공원에서 할 일이 없어 너무나 심심했다. 그 디즈니는 두 딸에게 약속을 했다.

언젠가는 어린이와 어른이 함께 놀 수 있는 곳을 만들겠다고. 딸들이 자라서 어른이 되었을 때, 그 약속을 지켜 만든 것이 바로 오늘날 어린이보다 오히려 어른들이 좋아하는 디즈니랜드다.

월트 디즈니가 디즈니랜드를 만들어 개막식을 할 때 미국의 전 대통령 레이건이 배우 시절이었는데 사회를 보았다고 한다.

그러나 허허벌판에 만들어진 디즈니랜드는 문제점투성이였다.

신문들은 악평을 쓰기도 했다. 그래서 디즈니는 디즈니랜드를 영원한 미완성이라고 말하고 해마다 문제점을 고쳐 나갔다. 디즈니랜드는 그리하여 해마다 모습을 달리하며 해마다 발전해 나가고 있다.

로스앤젤레스 부근에 있는 디즈니랜드는 9만 7천 평의 7개

지역에 걸쳐 있어서 모두 구경하려면 3일이나 걸린다고 한다.

만화가의 상상력의 세계는 풍부하여 지금은 1년에 천만 명이나 찾아오는데 하루에도 3만 명이나 모인다고 한다.

그리하여 엄청난 돈을 벌었지만 모든 수익금은 디즈니랜드의 발전과 사회에 환원된다. 제2의 디즈니랜드는 미국의 마이애미, 제3의 디즈니랜드는 일본에 있고, 제4의 디즈니랜드가 지금 프랑스에 세워지고 있다고 한다.

'동화 나라의 마을, 모험의 나라' '강' '서부의 날' '고스트 타운' '미래의 나라' '달세계 여행' 등 많은 곳이 온 가족이 즐길 수 있는 곳이다.

기차가 다니는 철로가 있고, 배와 잠수함이 다니는 호수가 있으며, '유령의 집'이 있고, 해적선의 이야기가 모두 실제와 같이 연기하는 동굴의 강이 있다.

모험, 상상, 미래의 꿈이 디즈니랜드에 있다.

7. 한·일 아동문학 교류를 위한 행사

1991년 3월 22일부터 27일까지 나카무라 오사무한국 아동문학연구자 씨의 주선과 안내로 박홍근 선생과 함께 한·일 아동문학 교류를 위한 기회를 가졌다.

22일 저녁 김포공항을 출발해 보슬비가 내리는 나고야공항에 도착했다. 이튿날 아침 나고야역에서 하라무라나가노현로 향했다. 하라무라에서는 동화 작가인 시카다 신 선생이 우리들의 도착을 기다리고 있었다.

그는 1928년 일제 시대에 서울에서 태어났다. 『이조실록』을 연구한 그의 아버님경성제대 교수의 연구 자료는 고려대 도서관에서 발견되어 서울에서 간행되었다.

경성제대 예과 학생 때 일본의 패전을 맞이한 그는 독립 만세를 외치는 데모에 혼자서 참가했다. 그때 건국준비위원회에 소속된 한국인 급우에게 발견되어서 "여기는 너 같은 일본 사람이 올 데가 아니다. 돌아가라!"는 말을 들었던 체험이 그 후 그의 작가 활동의 원점이 되었다고 한다.

일본에서는 1945년의 패전을 계기로 하여 반전 아동문학주로 원폭·공습·학동 소개 등 일본이 전쟁에 의해 받은 피해를 그리면서 평화의 소중함을 호소하는 문학이 융성하게 되었다. 그러나 식민지 지배를 비롯한 아시아 침략일본이 타국에 가한 피해을 부정적으로 그리면서 민족을 초월한 우정을 호소하는 반침략 아동문학은 융성하지 않았다. 그런 상황 속에서 그는 자기 체험을 토대로 한국을 무대로 한 반침략 소년

소설'을 계속 써 왔다. 주된 작품으로는 『무궁화와 모젤』1972년 『무궁화와 9600』1973년 『국경』3부작, 1986~1989년 등이 있다.

눈이 아직 남아 있는 하라무라해발 1,500m에 도착해 보니 선생 내외가 웃는 얼굴로 맞이해 주었다. 23일부터 24일에 걸쳐서 '시카다 신 저작 50권 기념 파티'가 열리는 것이다. 백 명 가까운 손님들이 축하하러 온단다. 3시부터 일본의 동화 작가와 평론가, 한국의 박홍근·박종현 등과 함께 한·일이동문학심포지엄사회 시카다 선생, 통역 나카무라 오사무이 베풀어졌다. 백여 명의 일본 중부아동문학 회원이 강당을 메우고 경청했다. 저녁부터는 떠들썩한 파티가 시작되었다.

다음 날은 눈이 쌓인 머나먼 산맥들2,700m급을 바라보면서 고원의 대자연을 마음껏 즐겼다. 바비큐로 작별을 아쉬워한 후 우리들은 중부아동문학인들과 헤어졌다. 우리는 도쿄로 향했다. 25일에는 일본아동문학자협회를 방문했다. 일본을 대표하는 동화 작가인 이마니시 수케유키 선생1923년생·나가사키 겐노수케 선생1924년생 그리고 연구자인 가미쇼 이치로 선생1933년생, 바이카여자대 아동문학과 교수이 인사하러 와 주었다. 이 이외에 협회 국제부에 소속하는 나카오 아키라 씨·기도 노리코 씨·교포 동화 작가인 변기자 씨·원정미 씨 등도 참가해서 이야기도 나누고 식사도 나누었다. 이마니시·나가사키 양 선생의 작품들 속에는 교포를 주인공으로 한 유명한 작품이 있다. 그리고 나가사키 선생은 민화연구회 회원들과 더불어 작년에 방한하였단다.

26일에는 신칸센으로 고베에 가고, 박홍근 선생이 한국 역사를 연구하는 나카무라 오사무 씨의 친구들을 위하여 강연을 맡아 주었다. 이 강연회에는 오사카에서 활약 중인 교포 동화 작가들이

나 동시인이 참석하고, 밤에는 환영회를 가졌다.

한·일 아동문학 교류는 작년부터 겨우 움직이기 시작했다. 이 작은 새싹이 앞으로 무럭무럭 자라나는 것을 진심으로 원하고 있다. 그러나 교류를 막는 장벽이 하나 있다고 지적하지 않을 수 없다.

그것은 작가의 생명이라고 부를 수 있는 작품 자체를 서로가 모른다는 장벽이다. 이 장벽이 제거되지 않는 한 참된 교류는 진전하지 않을 것이다. 이번 여행 중에서도 그것을 몇 번이나 생각했다.

8. 민족의 성지, 백두산 천지

　민족혼의 발원지로 가슴 깊이 담고 있는 백두산 천지를 찾아가는 여행은 계몽아동문학회원들과 일행이 되어서 즐거웠다.
　1995년 8월 6일 비행기를 타고 베이징에 가고, 다음 날 베이징에서 옌지까지 가면서 민족의 성지를 본다는 기대 때문인지 마음은 들떠 있었다.
　옌지에 도착해서 점심을 들고 호텔에 짐을 맡긴 뒤, 비가 왔지만 두만강을 찾아갔다. 다음 날 백두산 천지를 향해 출발하였다. 그러나 우리 민족이 많이 살고 있는 옌볜 조선족 자치주에서는 백 년 만에 내린 폭우라는 비가 쏟아져 길이 끊어지고 무너져서 백두산에 가는 길은 쉬운 길이 아니었다. 일행이 탄 버스나 다른 버스들도 가지 못하고 도로에 서서 물이 다소라도 빠지거나 버스가 가기를 바라며 몇 시간을 운전기사만 바라보는 형편이었다.
　그런 중에서 마침내 큰물이 넘쳐흐르는 길을 뚫고 버스로 달려 백두산에 가까운 이화 백화마을에서 저녁을 먹고 미인종진 관호텔에서 밤을 새웠다.
　새벽 5시 30분에 일어나 6시에 아침을, 7시에 백두산을 향해 아침 길을 버스로 달렸다. 차창 밖으로는 때때로 비가 내리고 가는 길은 멀어 2시간 가까이 달려 처찌주봉에 올라가는 차표 파는 곳에 도착하였다. 비가 그치고 날씨도 맑아지고 있었다.
　백두산은 비가 오거나 안개가 끼고 눈이 내려 270여 일은 백두산에 올라가도 천지를 제대로 볼 수 없다고 하였다. 지프차를 타고 포장도로를 여러 차례 회전하면서 빠른 속도로 달려 백두산 천지에 올랐을 때는 비도 오지 않고 안개도 끼지 않아 정말 다행스러운 시간이었다.

수만 년 전부터 오늘날까지 끊임없는 기상으로 든든하게 가득 차, 천지는 우리 민족의 아픔과 슬픔을 담고 있고, 앞으로의 원대한 희망과 이상을 담고 있는 성스러운 곳이었다.

천지는 흰 구름이 가득하고, 밖으로는 기암절벽이 서 있어 천지는 맑고, 푸르고, 아름다운 황홀한 성지였다. 그러나 우리 땅이 아닌 중국 땅에서 민족의 성지를 보는 마음은 초라하고 슬픈 일이었다.

천지는 16세기부터 세 차례에 걸쳐 화산 폭발을 하였다. 처음은 1597년 8월, 두 번째는 1688년 4월, 세 번째는 1702년 4월이었다. 천지는 우리나라에서 화산 폭발로 이루어진 가장 큰 호수다. 수면의 높이 해발 2,194m, 남북 길이 4,850m, 동서 길이 3,350m, 제일 깊은 수심은 370m, 평균 수심 204m, 저수량 20억 톤으로 한국·중국의 경계로 압록강·두만강·송화강의 발원지가 되고 있다.

백두산 천지를 보며 오랫동안 있고 싶었지만, 지프차가 기다리는 시간은 30분이었다. 그리하여 지프차가 떠나기 전에 내려와야 하기 때문에 서둘러 천지를 보며 여러 곳에서 사진을 찍고 차 있는 곳으로 내려왔다.

천지의 물이 넘쳐 폭포가 된 장백폭포를 보고 사진을 찍으며 바라보았다. 그곳에 가서 온천 목욕시설이 되어 있다고 함도 하고 더 자세히 보고 싶었지만, 오후 4시까지는 옌지의 모임 때문에 빨리

가야 될 형편이었다. 그럼에도 옌지 도착 시간은 9시가 넘어서였다.

버스를 타고 옌지로 가면서도 큰물이 넘치는 길에 많은 버스들이 가지 못하고 도로에서 기다리고 있는 것을 보았다. 운전기사는 버스가 언제 움직일지 모르기 때문에 다른 길로 달려 옌지로 간다고 했다.

이렇게 애쓰며 백두산 천지를 보았어도 3분의 1만 우리 땅으로 되어 있다니 가슴이 아프고 슬픈 일이었다.

육당 최남선도 『백두산 관찰기』에서 개탄한 것으로 알고 있다. 아무튼 무슨 이유였던 간에 장엄하고 숭고한 백두산 천지를 중국 땅에서 보고 중국 땅에서만 있다가 온 것은 슬픈 일이었다.

민족의 성지 백두산은 2,744m로, 관광이 가능한 시기는 7월~9월이고 관광 피크인 8월에는 하루 1천여 명이 천지에 오르고 있다고 한다.

구름과 안개가 순간적으로 걷히며 천지의 모습을 드러냈다가 다시 안개 속으로 숨어 버리는 천지는 신비로운 곳이었다.

지프차를 타고 내려올 때는 천지 쪽으로 다시 안개가 가득 오르고 있었다.

백두산 정상에는 화산 폭발로 나무들이 없고, 초원이 되어 풀만 가득 자라고 있었다. 남의 땅을 통해 올라갈 수밖에 없는 백두산 천지, 슬픈 일이다.

민족의 얼이 가득한 땅

늘 아픔과 어려움을 딛고 일어서는 우리 민족의 얼이 끈끈하게 배어 있는 땅을 찾아가고 있었다. 고조선 시대부터 뿌리를 내리기 시작, 고구려·발해에 이르기까지 민족혼의 뿌리가 가득한 땅이라 울적한 마음으로 찾아갔다. 빼앗긴 조국을 되찾기 위한 항일 독립 투쟁의 정신이 서린 피와 격정의 땅이었다.

그곳에서 소수 민족 중의 하나인 우리 민족은 조선족 자치주를 형성하고, 타고난 근면성과 뛰어난 자질로 각 분야에서 높은 수준을 유지하며 살고 있다. 그리하여 옌볜대를 비롯, 옌볜의 의과대학, 농업대학, 조선족대학이 있고 옌볜대에는 조선족 학부 생만도 2천여 명이고, 대학원생도 2백여 명이 된다. 한결같이 우리의 전통문화에 관한 원형을 보존하여 중국 사회에서도 작은 조선 문화를 발전시키고 있다.

민족의 옛 땅인 옌볜 자치주에는 벽화, 왕릉비 등 선인들의 숨결이 남아 있고 인구 211만 명이, 이 중에서 조선족은 85만 4천명으로 약 40%를 자치하고 있다. 그리고 중국에 살고 있는 조선족 2백만 명 동포 중 43%가 옌볜주에 살고 있다.

개방 시범 도시인 옌지시에는 조선족이 특히 많이 살고 있고, 전체 인구 32만 명 중 조선족이 20만 명을 차지하고 있다. 옌볜은 말 그대로 중국의 변경에 있다. 길림성 동남부에 위치해 있고 동쪽은 구소련 연해주의 하산 지역과, 남쪽은 두만강을 경계로 북한의 함경북도와 양강도 등과 각각 국경을 접하고 있다.

일송정, 해란강, 대성중용정중, 모아산, 말발굽산, 접경 도시인 도문시에서 두만강에 가면 북한 땅이 보이는데, 동쪽으로 흐르는 두만강 물을 오래도록 바라보았다. 두만강을 파랗고 맑게만 생각 했었는데 폭우가 내린 탓인지 흙탕물로 흐르고 있었다. 두만강 너머 북한 땅을 바라보며 울적한 마음으로 비를 맞으면서도 망루에 올라가 단체 사진도 찍고 개인 사진도 찍었다.

두만강을 오고 가면서도 묘소를 볼 수 없어서 가이드에게 물었더니 이곳은 사람이 죽으면 화장을 한다고 했다. 산이 깨끗하고 조용하여 좋았지만 화장을 한다는 것은 슬픈 일이기도 했다. 다음 날 많지는 않았지만 몇 묘소를 볼 수 있었는데 최근에는 묘소를 쓸 수 있다고 하였다.

두만강 변에서는 우리 돈을 그대로 쓸 수 있었고, 여인들은 카드나 배지를 보이며 1천 원을 부탁하기도 했다.

우리말을 잘하는 상점의 점원들은 모두 동포들이었다.

이번 여행에는 우리의 현실에 대해 더 많은 생각을 하며, 새롭게 나가야 할 때라고 마음을 가다듬었다.

9. 중국 만리장성과 자금성

중국의 공식 명칭은 '중화인민공화국'이지만, 통상적으로 중국이라고 한다. '中'은 중국이 세계의 중앙, 중심이라는 중국인의 의식을 나타낸 말이라고 할 수 있다.

중국의 면적은 960만km²로 옛 소련, 캐나다에 이어 세계에서 세 번째로 땅이 넓은 나라다.

이 넓이는 유럽 전체 면적과 같고, 우리나라 남북 전체의 면적인 22만km²의 44배이다.

또한 중국은 땅이 넓고 지형이 복잡하며 기후도 매우 다양하다.

동북 지방은 겨울이 길고 여름이 짧으나, 남부 지방인 해남성은 여름이 길고 겨울이 짧다. 그러나 동부의 연해 지방은 사계절이 뚜렷하다.

중국은 전인구의 92%가 한족漢族이며 그 외 55개의 소수 민족이 있다.

55개의 소수 민족은 1990년 인구 조사 시 1천5백만 명이었다. 그 밖에 회족, 위구르족, 티베트의 비중이 큰 편이다. 조선족은 인구수가 약 2백만 명으로 소수 민족 가운데 13번째로 많으며 동북 3성 지역인 옌볜 지역은 1952년 옌볜 조선족 자치주로 인정되었다.

중국의 인구는 1995년 2월 15일을 기해 12억으로 발표되었다. 중국 정부는 이날을 '중국 12억 인구일'로 정하여 대회를 소집, 기념하고 금세기 말까지 총인구를 13억 이내로 통제하기로 하였다.

　중국은 다양한 민족으로 구성된 만큼 다양한 종교를 가지고 있다. 주요한 건 도교, 불교, 이슬람교, 천주교, 기독교 등이다.
　이들은 각각 자체의 전국적, 지방적 조직을 가지고 있다.
　중국의 신앙 인구는 약 1억에 달한다고 한다.
　천안문광장은 마오쩌뚱의 초상화로 유명한 중국의 상징물로, 많은 중국인들이 날마다 모이는 곳이다. 천안문광장에서 이곳저곳을 구경하고 다시 버스를 타고 한국 식당에서 저녁을 먹고 호텔에도 들르지 않고 이름난 서커스를 극장에서 보았다.
　두만강, 백두산, 옌지, 룽신촌을 보고 다시 베이징에 와서 다음 날인 1995년 8월 11일 새벽 아침을 들고 만리장성을 향해 떠났다.
　만리장성은 북경에서 북쪽으로 70km 지점에 있는데, 달에서 보이는 유일한 인공 건축물로, 흉노족을 막기 위해 진시황 때부터 만들기 시작했다.
　옛날 왕권 시대에 목숨을 걸어 놓고 쌓은 만리장성이 지금은 세계적 관광지가 되어, 중국인들에게는 경제적 도움을 주는 곳이다.
　『중국장성』북경체육대학출판사을 보면서도 사계절 어느 때 가 보아도 그 장대한 규모에 감동을 받을 만한 곳이었다.
　수많은 사람들이, 수많은 버스를 타고 와 오르고 내리며 끝이 없이 진행되는 관광객들의 모습, 우리 일행도 다소의 비를 맞으며 많은 사람들 속에서 장성을 오르고 내렸다.
　베이징은 역사가 유구하고 건축이 웅장한 중국의 유명한 고도이다. 5개 봉건 왕조가 모두 이곳에 수도를 정하여 수도로서 약 1천여의 역사를 경과함으로써 중국의 6대 고도의 하나로

되었다. 고도 중 베이징이 가장 크고 가장 완전하게 보존되었다고 한다.

만리장성 관광을 마치고 자금성을 찾아갔다.

봉건 왕조의 황궁은 봉건 정권의 상징으로 자금성은 명·청 두 왕조의 역사를 담고 있고, 명·청 두 왕조의 24명 황제의 황국에서의 정치 활동과 기거 생활에 대한 역사 지식을 알 수 있다.

화려한 색채, 정교한 장식, 전아한 배치로 풍부한 예술적 효과를 나타내고 있다.

'북경 자금성'고궁박물관은 남북 길이 960m, 동서 길이 760여m, 전당 9,999칸현존 8,007칸, 사위는 10m 높이의 성벽과 52m 너비의 해자로 둘러싸여 있다.

건축 배치는 엄격한 대칭 형식을 차용하여 제왕의 최고 권위와 기백을 보여 주고 있었으며, 중국 건축의 우수한 전통과 독특한 품격을 구현하였다.

이번 여름 여행은 많은 생각과 함께 새로운 길을 찾아다녀서 오랫동안 그리움으로 남아 있을 것이다.

10. 대화를 위한 마카오, 선전, 홍콩 여행

　마카오는 홍콩에서 65km 떨어진 인구 50만의 항구 도시, 1577년 근처에 출몰하는 해적을 소탕한 공로로 포르투갈이 거주권과 주권을 얻었다. 그 후 동양 무역의 거점으로 번성하였으나, 19세기 중엽 중계 무역의 주도권이 홍콩으로 넘어갔다.
　기후는 아열대성으로 더운 편.
　포르투갈의 영향으로 성 바오로성당 등 전교를 위한 가톨릭 성지가 많다.
　동양의 최대 도박 도시, 생산되는 것이 없어서 수입은 카지노 사업에 의존하고 있다. 카지노는 마카오의 삶을 지켜 주는 젖줄이다. 아파트는 많지만 작은 방과 어려운 살림이 눈에 띈 마카오, 하룻밤을 새우며 카지노 현장을 찾아가 파친코를 하며 그 감정을 느껴 보려고 했다. 성당, 관음사, 자동차박물관 등을 돌아보며 많은 관광객을 만났다.
　마카오에서 선전을 갈 때는 여행사의 가이드도 없이 배편을 이용하여 2시간 정도 걸렸다.
　선전은 중국권이어서 여권 수속을 밟을 때 가이드가 나왔다. 가이드는 중국 옌지 출신의 동포로 잘 안내하였다. 금수중화민속촌을 관람하고, 저녁에는 실내에서 민속춤을, 야외에서는 민속 쇼를 보았다. 여러 의상과 차림으로 중국과 관계되는 여러 민족이 민속 쇼를 진행하는 것은 가관이었다. 특히 한국을 상징하는 민속춤과 쇼는 우리 민족의 전통을 나름대로 표현하고 있어서

반가웠다.

이튿날은 소인국을 찾은 다음, 홍콩은 영국권이어서 여권 수속을 다시 밟고 선전에서 기차를 타고 홍콩으로 갈 수 있었다.

홍콩은 동양의 진주라고 불리는 항구 도시, 영국이 아편전쟁 1840~1842 결과 홍콩과 구룡을 할양받아 99년 주권을 얻어 영국이 관할하게 되었다.

중계 무역에서 가공 무역으로 전환하여 세계 유수의 자유 무역항이 되었고, 1984년 영·중 합의하에 1997년 7월 주권을 중국에 반환하게 된다.

인구는 600만 명 정도, 중국인이 95%, 덩샤오핑이 살았을 때 홍콩이 반환되는 것을 보겠다던 홍콩.

해양공원에는 수족관, 돌고래 쇼, 물개 쇼와 놀이 시설 등 관광 시설이 잘되어 있다. 케이블카를 타고 정상에 올라갔고, 관광 후 에스컬레이터로 내려오며 사진을 찍었다.

저녁에는 2백 명이 넘는 관광객이 배에서 식사를 하며 백만 불 야경 관광과 쇼를 보며 노래를 들었다.

다시 쇼핑을 하였던 홍콩

마카오, 선전, 홍콩은 세 나라가 주권을 갖고 있어 세 곳 모두 여행사가 달랐고 가이드도 달랐다.

선전에서 홍콩으로 가는 기차를 탈 때도 다른 가이드가 나와 수속을 밟고 안내하였지만 기차에는 가이드도 없었다.

가족들은 모두 바쁘지만 어렵게 시간을 만들어 1997년 1월 24일부터 27일까지 함께 여행을 하였다. 밤마다 모여 미래를 협의하고, 이해하기 위한 대화 시간을 가졌다.
　결혼 등으로 삶의 현장이 바뀌기 때문에 함께 가는 여행은 새로움을 준비하는 여행이기도 했다.

11. 일본 문화 예술의 동화마을 탐방

1997년 7월 22일 일본 동화마을을 찾기 위해 아동문학가들은 비행기에 올랐다.

센다이공항에는 한국 아동문학을 연구하고 우리말을 잘하는 나카무라 오사무 선생이 오사카에서 달려와 우리를 기다리고 있었다. 오랜만에 만났지만 즐거운 마음으로 악수를 나누었다.

뒤편이 레스토랑처럼 되어 있는 버스를 타고 동화마을 탐방에 나섰다. 일본 동북부에 위치한 센다이는 390년 전, 성을 중심으로 발전한 고을로 번영한 도시였다.

수수한 시가지에 공동묘지가 이채롭다.

주택가 복판에 들어차 있는 묘비석들, 주로 화장을 해서 집 근처에 묘소를 만든다.

돌로 쌓은 성벽을 끼고 비탈을 올라간다. 성은 흔적이 없고 옛날 기구와 무사복, 칼 등을 전시하고 있는 기념관에서 성의 역사를 담은 컴퓨터 합성 영화를 상영하고 있다.

스다하치만신사는, 무신을 섬기며 전쟁의 승리를 기원했던 곳을 지나, 까마귀와 가나가나 매미의 묘한 울음소리가 그윽한 신사 입구에는 몇 아름이나 되는 삼나무들이 서 있다. 신사 마당에는 손바닥만 한 표찰이 매달려 있고 부적이 대나무 가지마다 매달려 있다.

첫 목적지인 도노까지는 자동차로 3시간이 걸린다.

버스가 달리는 주변 숲은 깊은 산처럼 울창했다. 2층 농가는 인형 집처럼 작고 예쁘다. 어느 집이나 마당에는 화분이 정연하게 놓여 있어서 깨끗하고 그림 같은 풍경이다.

한적한 길이지만 지루하지 않게 도노에 닿았다.

이곳 도노에 '옛이야기 마을'이 선 까닭은 동화적 전설을 담은 이야기의 근원지로서 이야기의 배경 마을로 270년에서 100년 전 사이의 생활 모습을 재현해 놓았다.

전설의 여인이 채소를 씻었다는 시냇물을 건넜다. 농가 몇 채에 물레방앗간과 농기구, 생활 도구들이 잘 다듬어진 정원은 잘 보존되었다.

하나마키에서는 <은하철도 999>라는 만화 영화로 친숙해진 미야자와 겐지의 기념관과 동화마을을 찾았다.

작가 미야자와 겐지 유품이 가지런히 정리되어 있다. 낡은 육필 원고를 비롯해 다섯 살 적 사진이며, 직접 그린 그림 등, 그의 모든 것을 한눈에 알 수 있다. 태어난 지 100년이 넘었고, 세상을 뜬 지도 반세기 이상 지났는데 작가의 발자취를 볼 수 있는 것은 가장 크고 값있는 일이다. 지나치게 미화되고 우상화, 신격화한 것은 아닐까 의심이 갔지만….

꿈의 세계를 체험할 수 있게 해 놓은 동화마을 역시 겐지의 동화를 테마로 하고 있다.

'은하 스테이션'이라고 쓰인 입구, 하찮은 배수구에 새겨진 별자리, 기념품 가게인 백조의 역…. 건물은 환상적인 공간, 첫째 방은 별, 나뭇잎, 구름 등의 의자, 책장, 책, 걸린 외투가 모두 흰 빛이다. 벽에 그려진 밤하늘 그림만 색채를 띠고 있을 뿐. 다음에는 오색찬란한 은하 세계, 산과 마을 화면이 바닥에서 움직이고 있다. 다음에는 거대한 곤충과 식물 모형, 마지막에는

<첼리스트 고슈>와 <주문이 많은 요릿집>의 즐거리를 작은 인형들이 연출하고 있다.

　종일 동화에 묻혀 지내고, 하나마키호텔의 타원형 테이블에서는 동화 이야기로 음식이 굳을 지경이었다.

　호텔 근처에 있는 소바 집으로 옮겨 앉아 대화의 장을 활짝 열었다. 아동문학을 화제로 여러 가지 문제점을 제기했으며, 바람직한 방향으로 의견을 모아 보았다. 새로운 다짐과 의욕을 소신껏 밝히는 사뭇 진지한 모습들, 열띤 토론이 끝이 없었다.

　한때 제2차 세계대전을 독려하는 글을 썼다는 시인 다카무라, 그가 7년간 칩거했던 산장은 야트막한 산자락에 묻혀 있는 오두막이었는데, 시인은 인적 없는 산골, 다다미 몇 장 크기의 초라한 그곳에서 스스로를 징계했다. 책임 있는 그의 삶 덕인지. 다카무라 산장은 귀하게 보존되어 헛간 같은 누옥은 그럴싸한 덧집 속에서 안전하게 보호받고 있다. 유품 전시관으로 가는 길목엔, 친필 원고를 동으로 떠서 자연석과 조화시켜 놓은 시비가 멋스럽다. 오솔길은 해묵은 흙내에 버무려 체취를 살리고 있다. 이름 없는 촌구석을 철저하게 역사의 장으로 자리매김한 일본인의 예술 존중 의식이 우리 실정과 대비되어 안타깝다.

　마쓰시마는 일본 3대 절경의 하나이며 280여 개의 섬이 있다.
　망망대해를 그리다 눈을 뜨니 오목조목 떠 있는 섬들이 들어온다. 시리도록 푸를 거라 생각했지만 칙칙한 빛깔이다.

　섬들 사이를 지나 시오가마_{소금 솥이라는 뜻}로 운항하는 유람선, 부우웅~! 힘찬 고동을 올리며 배가 물살을 가르자 수십 마리의 갈매기가 날아오른다. 과자를 던져 주자 날카로운 부리로 톡톡 채어 간다. 노련한 솜씨에 감탄을 연발하면서도 어쩐지 씁쓰레하다.

다시 찾아간 곳은 섭섭하게도 또 신사, 회오리처럼 몰아친 근대화·현대화 과정에서 그들만의 신사가 사방에 널려 있다.

시오가마에 있는 신사는 주로 교통과 순산, 뱃사람들의 안전을 빈다고 하는데 규모가 사찰만큼 번듯하다.

숙연함에 젖어 창가에 서니 빌딩이 우쭐우쭐 어깨를 맞대고 있는 사이에 움푹 들어간 곳, 그곳이 '시인의 생가', 금싸라기 땅에다 허름한 시인의 집을 남기는 일본 문화 예술의 보존에 우리는 어떻게 하고 있는가 걱정에 부아가 난다.

파문이 일렁이는 가슴속에서 추억의 조각을 맞는 듯이.

12. 오토바이 도시, 타이완 관광

새로운 것을 보며 새로운 생각을 할 수 있는 여행은 아름답고 기쁜 일이다.

1997년 9월 3일. 타이완은 중국 대륙에서 160km 떨어져 있고 남중국해에 위치한 3만 5천km²의 섬나라. 인구는 2천1백만 명.

오랫동안 중국, 네덜란드, 스페인, 포르투갈이 지배하였고, 1895년부터 1945년까지는 일본이 지배하였다. 관광 안내자는 타이완이 '아름다운 섬'이라고 하였다.

그러나 타이완이 경제적 성공을 거둔 것은 중국 대륙에서 물러난 국민당 장제스 정부가 타이완으로 온 1949년 이후였다.

농업과 공업을 균형 있게 육성하고 여러 상품을 수출하여 외화를 확보한다.

야시장에는 우리의 남대문시장처럼 의복, 음식 등 갖가지 상품들이 진열되어 있고, 그 상품을 사려는 행렬이 끝없이 이어지는데, 밤 시장을 걷기도 하였다.

타이완에서도 자동차가 홍수를 이루지만 일천만 대가 넘는 오토바이가 있다.

아열대 지방의 야자수들이 도로에 가로수로 서 있고, 그 도로변에는 오토바이가 줄줄이 정차해 있다. 출퇴근 시간에는 오토바이 행렬이 끝없이 이어지고 있다.

야자수들이 열매를 맺지 않게 한 것은 교통사고와 인명 피해를 없애기 위한 일이라고 한다.

첫째 날, 환영 인사와 한·중타이완잡지협회 자매결연 23주년 기념으로 그동안의 결과와 앞으로 실천할 내용을 협의한 뒤 환영 만찬을 가졌다.

타이완의 아동·소년류 잡지는 월간 15종, 주간 6종이 있고, 가정생활류는 월간 17종, 격월간 1종, 계간 1종이 있어서 많은 양이 발행되는 것을 알 수 있었다. 몇 개의 잡지들을 받기도 하였지만, 순수 아동문학 전문지는 보이지 않았다.

둘째 날, 중정장제스기념당, 신문국, 고궁박물관을 참관하였다.

총면적 25만km²로 정문에는 30m 높이의 현판에 '대중지정大中至正' 네 글자가 새겨져 중산남로를 마주 보면서 우뚝 세워져 있다.

기념당 둘레에는 1,200m의 돌담길이 둘러 있고, 화단, 산책길, 잔디광장, 꽃동산, 연못들이 조화롭게 어우러져 시민의 공원이 되고 있다.

고궁박물원古宮博物院은 산기슭에 있고 전통적 중국 건축물로 장엄하였다.

1965년 고궁박물관 본관 건물이 완성된 후에도, 부대 시설도 건설하였고, 내부 시설도 완벽하게 시설을 보완, 진행하였다고 한다.

소장품은 과거 천여 년 동안 송, 명, 청나라 때 궁궐의 옛 소장품을 모았던 것이고, 그 후로도 계속 수집하여 오늘의 큰 규모로 이룩되었다.

중화민국 13년서기 1924년 청나라 마지막 황제 푸이가 고궁에서 퇴궐함으로써 중화민국 14년 동고궁에 고궁박물원을 설립하였던 것이 시작이었다.

그러나 근대 중국은 대일 항전, 국내 전쟁을 겪으면서 이들 문물은 어려움을 많이 겪었다. 중화민국 정부를 따라 베이징에서 난징으로, 다시 난징에서 쓰촨성으로 옮겨졌다. 그 후 대일 항전이 승리하여 이들 문물은 난징에 돌아왔다. 그러나 중화민국 37년 1948년 내전의 결과로 난징에서 타이완으로 옮겨졌다.

전란 속에서 문물이 이송된 과정을 보면 많은 시간이 소요되었고, 거리도 멀고 위험도 많았다. 그러나 무사히 옮겨져 박물관 역사상 기적으로 볼 만하다.

소장품의 수량은 70만 점에 이르고, 해마다 구입하고 기증을 받아 지속적으로 증가하고 있다. 그리하여 중국의 큰 역사요 문화 재산으로 볼 수 있다.

그 가운데서도 완벽한 것은 도자기, 서화, 청동기라 할 수 있다. 옥기, 칠기, 노리개 상자, 법랑기, 문구, 조각품, 직수품, 선본 도서 등도 많이 소장되어 종류의 다양성과 품질의 정교함은 세계의 어느 것과도 필적할 만한 것이다.

이런 많은 소장품들을 다 전시할 수 없어서 일부만 전시하고, 영구 전시와 주제 전시로 나누어 전시하고 있다. 정말 상상할 수 없는 예술품에 경탄이 가득할 뿐이다.

이번에 타이완을 여행한 것도 고궁박물원을 참관하려는 것이었고, '국립고궁박물원' 발행의 『고궁승경』 책들을 산 것도 같은 생각 때문이었다.

셋째 날, 중화민국 국부로 일컬어지는 쑨원의 국부기념관을 보며 큰 그릇들을 보는 것 같았다. 쑨원 동상 앞에는 두 병사가 서 있는데, 몇 번이나 사진을 찍으며 바라보아도 움직이지 않았다. 눈동자도, 눈썹도, 살갗도 조금도 움직이지 않고, 숨도 쉬지 않고

서 있었다. 많은 시간을 보내며 기다리고 있었다. 그러다가 조금씩 움직이며 병사로서 인계인수하는 것을 보며 그 초인력에 경이로움을 느꼈다.

넷째 날, 타이완 소인국을 찾았다. 소인국은 한 개의 모래알에 한 개의 천지가 들어 있다. 타이완, 중국 및 세계의 축소판, 미니 왕국, 1984년 개관하여 동서 건축의 멋을 풍긴 소인국, 그렇게 작게, 적게 만드는 일이 끝없이 계속되는 곳, 용산사, 공자묘, 도동서원, 천후궁, 중정기념당, 국부기념관, 대중항 신호대와 자금성, 승계류, 불궁사 석가탑, 만리장성, 천단관성래를, 그리고 인도, 일본, 한국, 미국, 유럽, 아프리카의 여러 건축물들을 보았다. 소인국에서는 배, 기차, 목마, 회전 열차, 우주 유람선을 타며 동심의 세계에서 보냈다. 우주 유람선을 탈 때는 정말 아찔하고 어지러웠지만 가까운 나라, 부지런한 나라, 친절한 나라, 타이완에서 많은 것을 배우고 생각할 수 있었다. 지금은 타이완의 난이 꽃을 피우고 향기로움을 주어서 고마움을 갖는 시간이다.

13. 터키와 아름다운 이스탄불

 여행은 아름답고 즐거운 시간이다. 모두들 IMF로 어려움을 겪고 있는데 해외여행을 하게 되어 안타까움이 많았다
 그러나 대우 불가리아 자동차판매법인의 지원과 한국·불가리아 문학의 밤이 개최되어 문화와 우의를 다지는 일에 도움이 되었다. 새로운 것을 보는 시간은 아름다움이다. 더구나 우리나라 문인 16명과 함께 터키뛰르기예, 불가리아, 그리스를 1998년 7월 3일부터 14일까지 이행하게 되어 즐거웠다.
 토인비는 터키를 '살아 있는 역사적 박물관'이라고 했다. 많은 고고학자들이 유적과 유물의 발굴과 연구를 위해 오는 곳, 아시아와 유럽이 교차되는 곳 터키, 많은 종족들이 이 땅의 지배를 위해 전쟁이 많았던 곳 터키, 도시나 농촌이나 관광지로 매혹되고, 옛 문명의 산지였던 유프라테스와 티그리스강을 따라 수많은 부족과 문명들이 명멸했던 역사와 종교적 유물이 산재해 있는 터키.
 터키는 오스만제국의 전성기인 쉴레이만슐레이만왕 때는 영토를 오스트리아 비엔나로부터 홍해까지, 페르시아만으로부터 알제리까지 확장시켜 서구 유럽을 위협했다. 그러나 왕권 제도, 퇴폐 정치를 타파하기 위해 케말 파샤가 오스만왕국을 멸망시키고 터키공화국을 세웠다.
 케말 파샤는 24세에 육군 장교가 되고 개혁을 하려는 비밀 결사 모임에 참가하였다.

제1차 세계대전 다르다넬스해협에서 영·불 연합군을 격파하여 명성을 얻었고, 1992년에는 그리스군과 싸워 이겼다. 그리하여 술탄을 퇴위시키고 터키공화국 초대 대통령이 되었다.

케말 파샤는 정치와 교육을 분리시키고, 아라비아 문자를 폐지하고 라틴 문자를 쓰고, 미터법을 허용하는 등 근대 정책을 정책적으로 추진하였다.

케말 파샤는 1881년 그리스의 테살로니키에서 태어나 1938년 이스탄불에서 세상을 떠났다. 지금도 터키인들은 국부로 부르며 추앙하고 있다. 6·25에는 우리를 돕기 위해 군대를 보내서 참전하였던 나라.

이스탄불은 터키에서 가장 아름다운 도시로 칭송을 받을 수 있는 곳, 프랑스 작가 길리우스는 "다른 나라의 도시들은 그 생명이 유한해도 이스탄불은 지구상에 인류가 살고 있는 한 언제까지나 살아 있는 도시가 될 것 같다."고 감탄했다.

이스탄불의 최초의 이름인 비잔티움의 설립자는 메가라족의 비자스였다.

무역과 상업의 중심지가 되었고 포도주와 어업도 발전한 땅.

골든혼은 석양 무렵 황금빛을 발한다고 붙여진 자연항으로 언덕에는 과거 왕국의 유적들인 톱카피궁전, 성 소피아교회, 쉴레이마니예 모스크, 정복자 모스크, 칼라타탑 등등 많은 유적들이 세워져 있다.

갈라타다리 서보게 되는 이스탄불은 인류와 세상의 많은 변화를 느낄 수 있고 아름다움과 즐거움을 주고 있다.

이스탄불은 유럽의 여행자에게는 지중해의 동쪽 끝, 보스포루스해협의 대수로인 입구는 지정학적으로 이상적인 곳으로 마드리아해와 구부러진 뿔 같은 모양의 만의 언덕에 세워져 있다. 주민은 이스탄불을 '세계의 중심'이라고 말하고 있다.

이스탄불에서는 그리스도교 회의도 자주 열렸고, 삼위일체의 정통론도 확보되었으며, 로마교회와 그리스정교의 분리도 결된 곳이다.

비잔틴제국의 자취가 가장 많이 남은 곳은 아크로폴리스 언덕 부근에 있는 성 소피아박물관옛날 성 소피아 교회이다.

박물관의 모자이크 벽화들은 창조적이고 아름답다.

성 소피아박물관 앞에 있는 술탄 아흐메트광장은 옛날에는 경마장으로 6만 명의 관객을 수용하였고, 여러 행사를 치르기도 했다.

물을 사 들고 다니고, 화장실에 가기 위해서도 터키의 동전을 갖고 다녀야 하는 도시, 문명의 도시 이스탄불.

집을 2층, 3층, 4층을 지으면서 경제적으로 형편이 나아지면 또 짓고 어려울 때는 그대로 지내고 있는 터키인.

넓은 들녘에는 해바라기들이 가득 넘실대고 있는 땅, 불가리아를 가기 위해 해바라기를 바라보며 들녘을 달리고 있다.

한사랑식당은 한국인이 경영하고 한글 간판이 걸려 있는 한국식당, 된장국, 김치맛이 여행객들을 즐겁게 하고 있다.

• 성 소피아사원 _ '거룩한 지혜'를 뜻하며 금 90t에 해당되는 막대한 비용을 들여 AD 537년 유스티니아누스 황제 때 건축되었다. 비잔틴제국 537~1453년의 기독교 신앙의 중심적인 역할을 했다. 오스만 터키의 콘스탄티노플 점령 이후 회교 사원으로 개조되어 500여 년 사용되었다. 1935년

터키공화국 케말 파샤 대통령 때 박물관으로 보존토록 하고 종교 의식을 금했다. 건축학적으로 세계에서 뛰어난 비잔틴 건축물.

• 히포드롬마차 경기장 오벨리스크_BC 15세기 이집트의 투트모세 3세 때 이집트 룩소 카르낙 신전에 세워진 오벨리스크의 하나. 메소포타미아 군대에 승리한 것을 기념하여 AD 390년 데오도시우스 1세 때 이스탄불로 옮겨짐.

• 보스포루스 다리_보스포루스해협은 길이가 30km 정도로 마드리아해와 흑해를 연결하고 있고, 유럽과 아시아 대륙을 나누면서 이스탄불 중앙을 흐르고 있다. 세계 4위의 현수교인 이 다리는 유라시아대교라고도 불리며 다리의 길이는 1.1km이고 1873년 영국과 독일의 합작으로 완공.

• 블루 모스크_1609~1616년에 건축되었고, 성 소피아사원을 모방하였다. 세계 유일의 6개의 첨탑을 가진 웅장한 모스크. 마호메트 1세가 메카로 떠나기 전 건축가들에게 황금으로 된 첨탑을 세울 것을 명령했으나 재정적으로 어려워 돌 첨탑을 세웠다고 한다.

14. 한·불가리아 문학의 밤

우리는 터키튀르기예에서 버스를 타고 국경을 넘어 불가리아의 휴양지인 흑해 연안의 바르나로 가며 불가리아를 생각하고 있다.

불가리아는 인구 840만 명으로 오랫동안 북한과 수교를 해 왔고 우리나라도 수교를 하고 있다.

자연의 혜택을 받은 산악 지역이 많은 나라로 북쪽으로는 다뉴브강 유역의 평야와 남쪽으로는 트라키아평야가 있다.

불가리아는 사회주의를 하면서도 비교적 조용하게 혁명이 일어나고 현재의 정부도 공산당 시절의 간부를 지냈던 사람들이 대부분이다.

대통령 5년, 수상, 국회의원 4년의 임기로 국회의원 수는 240명, 의회민 주제 정부 형태로 의원 내각제에 대통령제를 가미한 나라, 불가리아어를 쓰고 있으며 수도는 소피아, 인구 120만 명.

인접 국가는 그리스, 마케도니아, 세르비아, 터키, 루마니아이며 휴양지로는 흑해 연안인 바르나, 우리는 국경을 넘어 버스 속에서 잠을 자며 밤을 새워 바르나에 갔다.

불가리아는 동로마제국의 지배와 오스만 터키의 지배를 받았다.

제1~2차 세계대전 시에는 독일을 지지하여 영토가 축소되었고, 2차 세계대전 후 공산당이 집권하여 인민공화국을 선포하였고, 오랫동안 공산 정권이었으나 1997년 민주 연합 집권으로

민주화가 이루어지고 있다.

바르나에서는 3박 4일 동안 관광.

흑해라고 해서 어둡고 침침한 바다라고 생각하였으나 아름답고 깨끗한 바다로, 배가 다니고, 고기를 잡고, 해수욕을 하는 바다였다.

그리고 불가리아 수도 소피아로 이동하여서는 대우에서 인수한 쉐라톤 소피아호텔에서 여장을 풀었다. 터키와 불가리아 바르나에서는 호텔도 1인 1실이었지만 쉐라톤에서는 2인 1실이 되었다. 그만큼 호텔 비용이 비싸다고 하였다.

불가리아의 성스러운 릴라산을 오를 때는 험한 길을 정성을 다해 오르고 내렸다.

이석조 대사관저에서 뷔페식 만찬에 초대되어 인사를 나누면서 즐거운 시간을 가졌다.

한국 참가 문인 16명, 대우 불가리아 자동차판매법인 사장, 직원, 소피아대학 교수, 불가리아인 조교, 대사관 직원, 대사 부인, 딸들이 함께 자리를 만들어 사진도 찍고 웃음을 나누며 여러 가지 이야기를 나누었다.

다음 날 소피아대학에서 한국학과 학생들과 대화를 가졌다. 소피아대학 최건진 교수와 한국어과 조교수들의 참여 속에 한국 문학 강연과 학생들의 의문을 반영한 질문도 받으며 진지한 시간을 가졌다.

소피아대학 한국어과 조교인 보이코 파블로프는 내 동시집 『아침을 위하여』를 알고 있고, 번역을 하였다고 이야기하였다.

"시 낭송회에는 처음 나왔다."는 이야기부터 시작해서 좋은 생각들을 서로 많이 교환하였다.

한국 시는 참석한 시인들의 작품을 한국어로 낭송하였고, 그것을 소피아대학 한국어과 학생들이 불가리아어로 낭송하였다.

또한 『현대한국시선』 출판기념회는 번역하여 낭송하였다.

문화의 행사에서 더욱 잊을 수 없는 것은 불가리아인 학생들과 함께 자리를 만들어 간단한 한국어와 영어를 하며 어울린 시간이다.

한·불가리아 문학의 밤을 가진 소피아는 중심부에 공원과 광장이 있고, 역사와 세월을 담은 품격도 갖고 있다.

알렉산더 네프스키성당에는 지하에 종교미술관이 있고, 타르노보에서 가져온 성모의 죽음을 담은 프레스코 그림, 성사, 성화골 역사, 변모를 볼 수 있다.

1877~1878년 동안 일어났던 터키와 러시아 전쟁에서 죽은 이십만의 러시아 병사를 기리기 위해 만들어진 것으로 황금빛 돌을 가진 네오비잔틴 양식의 사원이다.

이 사원의 내부는 불가리아, 러시아 화가들이 그린 성화로 가득 차 있다.

사원 지하에는 고대와 중세의 불가리아 미술품이 전시된 미술관으로 신비로운 분위기가 있다.

15. 역사와 신화의 나라, 그리스

　그리스는 아름다운 나라, 그리스인은 마음이 아름답고, 인정이 많고, 따뜻하다.
　서로 사랑하며 즐거움을 갖는 나라, 언덕 위에 옹기종기 모여 있는 작은 집, 동화 속의 요술 집 같은 나라.
　인구 1,000만, 2,918m의 올림푸스산, 마케도니아, 로마의 침략과 지배 속에서도 터키튀르기예의 혹독한 식민 정책과 수모 속에서 자존심을 지켜 온 나라, 영국의 군사 협조와 러시아, 프랑스, 이집트의 후원에 힘입어 식민지에서 벗어난 그리스, 지중해 연안은 햇빛이 강하여 그리스인들은 아름답게 살아가고 있다.
　그리스정교도가 96%이고 소수가 이슬람, 유대교도.
　코발트색 바람에 밝은 태양이 비치는 곳, 트로이전쟁, 호메로스의 서사시, 사적의 보고인 나라 그리스.
　아크로폴리스, 파르테논신전, 아폴로신전, 메테오라수도원, 신전의 세 기둥, 코린트 유적, 코린트 운하, 로도스의 나라.
　그리스는 4,000년 전에 도시 국가를 형성하여 예술과 문화가 발생하고 현대와 고대의 공존으로 신화와 신전이 조화롭게 이루어진 나라.
　또한 3,000년의 역사를 지닌 아테네, 민주주의가 꽃을 피우고 아크로폴리스의 언덕에는 폴리스도시가 형성된 나라.

　* 코린트운하_이오니아해의 코린티아코스만과 에게해의 사로

니코스만을 연결하는 폭 23m, 길이 6,343m의 운하로 그리스와 이탈리아를 연결하고 있다. 고대 때부터 이곳에 운하를 만들 계획이 있었으나, 실제로 운하가 완성된 때는 1893년 프랑스의 민간회사에 의해서였다.

•아크로폴리스 언덕_문명이 열린 높은 장소인 아크로폴리스높은 마을이라 는 뜻는 아테네의 상징이자 관광의 핵심이다. 언덕 정상에는 2,500여 년의 영광을 간직한 파르테논신전을 비롯, 수많은 신전들이 서 있다. 이곳의 유적들은 길게는 BC 1,000년까지 거슬러 올라가지만 아테네 니케신전과 파르테논·이릴티온신전 등 주요한 유적들은 BC 5세기경의 페리클레스 시대에 만들어졌다.

•파르테논신전아크로폴리스 최대의 신전_BC 432년 페리클레스 시대 때 천재 조각가로 불렸던 피리아스의 감독하에 15년에 걸쳐서 당대의 조각가, 석공 등을 총동원해 만들었다. 도리스 양식의 최고봉으로 일컬어진 이 신전은 아테네의 수호신인 아테나를 모시던 곳으로 가로 30.88m, 세로 69.5m, 기둥 높이 10.43m, 기둥 직경은 아래로부터 1.9m, 머리 부분은 1.45m.

•올림픽의 기원과 역사_고대 그리스에서는 많은 제전 경기가 열렸는데 그중에서도 이스트티미아, 피티아, 네메아, 올림피아에서의 경기가 유명했다. 고대 올림픽이 열리게 된 기원은 첫째 펠로프스가 피사의 왕 오이노마오스와의 전차 경기에서 승리하여 그의 딸과 나라를 손에 넣은 것을 기념하였다는 설, 둘째 헤라클레스가 엘리스의 왕을 깨뜨린 데서 시작되었다는 설, 셋째 제우스에게 바치는 제사의 일종으로 시작되었다는 설이 있으며, 경기 중에는 모든 전쟁이 중단되었고, 우승자에게는 올리브관을 수여했다. 1984년 쿠베르탱이 근대 올림픽을 부활, 1896년 제1회 올림픽이 아테네에서 열렸다.

16. 로스앤젤레스에서 열리는 문학 축제

2001년 7월 24일, '재미시인협회, 크리스찬문인협회, 재미수필문학가협회, 라디오 코리아'가 공동으로 주관하는 '제14회 해변문학제'에 초청을 받아 신세훈 시인, 정목일 수필가와 함께 미국을 향하였다.

다음 날 오후 5시, LA에 도착하여 해변문학제 임원진의 환영을 받으며 앞으로 일정표를 받았다.

숙소는 '가든스위스호텔', 우리는 일정에 따라 한국일보를 방문하여 한국문협 미주지회 창립을 설명하였더니 신문에 상세히 나왔다.

한국문인협회 신세훈 이사장과 박종현 아동분학분과회장, 정목일 수필분과회장이 한국문협 미주지회 창립과 제14회 해변문학제 초청 강연차 LA를 방문했다는 것. 세 사람은 UCLA 교환교수로 와 있는 소설가 조갑상 씨와 합류, 28일 마리나 스테이트 비치파크의 포인츠 벤추라 하버타운호텔에서 개최되는 해변문학제에서 장르별 신세훈 씨는 시, 정목일 씨는 수필, 박종현 씨는 아동문학. 조갑상 씨는 소설에 관해로 강연하고, 미주문학동호인들과 함께 바비큐 파티, 시 낭송회 등 다양한 프로그램을 나눌 예정이라는 홍보성 내용이었다.

그리고 신세훈 이사장은 미주뿐만 아니라 남미, 중국, 러시아, 일본 등지에서 한글로 글을 쓰는 해외 동포 문인들을 모두 한국문협이 수용할 수 있도록 각 지역에 지회를 결성할 계획이라고 밝히고 미주지회 결성과 관련, 갈등을 보이고 있는 이곳의 문단에 대해 "글 쓰는 선비들이 화합하는 모습을 보여 줘야 문권을 지킬 수 있다."며 해변문학제를 마친 후 모두 개인적으로 만나 순조로운 지회 창립을 위해 의견을 모으도록 총력을 기울일 것이라는 점을 덧붙였다.

제14회 해변문학제는 2001년 7월 28일토요일 개최되어, 장르별 그룹 토의, 해변 백일장, 해변 바비큐, 해변 시 낭송회, 문학 세미나, 백일장 시상식, 우리 모두 즐겁게경품 추첨, 황혼의 저녁 식사로 이어졌다. 축제를 위해 인사, 축사, 강의, 사회, 진행, 접수, 안내, 전반 책임 등을 구성하여 진행한 기획 있는 행사였다. 또한 해변문학제 장소와 교통 및 호텔도 지도에 넣고 안내문도 자세히 설명되어 있다.

당초 일정대로 진행되었고, 홍승주 희곡 작가분도 함께 만나 행사에 같이 참석하였다.

26일 시내 관광, 한국일보, 무종의 종각, 롱비치, 재미시협 환영회, 야경 투어.

27일 라디오코리아, 재미수필가문협 환영회레돈도비치.

28일 해변문학제 출발라디오코리아, 분임 토의야외 비치, 야외 중식, 세미나호텔, 야외 석식해변, 문협 답례, 산타오나카비치.

29일 문협 회의, 비치와 야경, 문협 미국지회 창립준비위원회한 인타운.

30일 고은 시인 댁 방문, 한무학커피숍 인사.

7월 31일부터는 한국에서 간 신세훈, 정목일, 박종현 시인, 수필가 요세미티공원 등 2박 3일 관광.

31일 한인관광 본사에서 출발, 바스토에서 점심 식사, 베이커스

필드에서 잠시 휴식, 건포도의 고장 프레즈노 도착, 저녁 식사 후 호텔행.

8월 1일 아침 식사 후 프레즈노 출발, 미국의 금강산, 요세미티 국립공원, 마리포사 도착, 점심 식사, 세계의 미항 샌프란시스코 도착, 샌프란시스코 시내 관광금문교, 차이나타운, 다운타운, 샌프란시스코 출발, 산 라파엘 도착, 호텔, 최백산수필, 주평동극 작가 등 15명의 교포 문인과 대화.

8월 2일 산 라파엘 출발, 태평양 연안의 천하 절경, 몬트레이 반도, 페소로블, 덴마크 민속촌, 솔뱅, 시내 관광, 로스앤젤레스 도착, 서울행.

● 『체험 솔솔 세계 기행』세계문예, 2004년

제❷부 _ 삶과 문학

1. 등산等山이 말하다
2. 등산等山을 말하다
3. 당신에게

●

박종현 연보

박종현 저서 일람

박종현 수상 일람

박종현 문단 활동 일람

1. 등산等山이 말하다

1. 동시 이야기

  －안녕하세요? 동시 이야기 들으러 왔습니다.
  ☼ 잘 왔어요.
  －동시를 잘 지으려면 어떻게 하나요?
  ☼ 남의 동시를 많이 읽고, 동시를 많이 지어 보고, 동시를 많이 감상해야 하지요.
  －동시는 무엇을 쓰나요?
  ☼ 좋은 생활의, 좋은 느낌의, 깊은 생각을 속삭이듯이 쓰지요.
  －속삭이듯이 쓰려면요?
  ☼ 알기 쉬운 말로, 아름답고, 매끈하게, 그윽한 감정이 가늘고 조용한 물결같이 흐르도록….
  －꾸미지 말라고 하던대요.
  ☼ 일부러 만들려고 애쓰지 말고, 그림을 그리듯이 자연스럽게 느껴지도록 뚜렷하게 쓰는 것이지요.
  －말은 덜고 줄이라 하던대요?
  ☼ 생각을 가다듬고, 말을 가려서 절실한 느낌을 주도록….
  －동시는 설명이 아니라고 하던대요.
  ☼ 실제로 일어난 일을 본 대로 쓰기도 하지만, 일어날지도 모르는 사실을 쓰기도 해요. 동시는 참된 느낌을 넉넉하게 펼 수 있는 생각하는 힘이 중요하니까요.
  －동시에서 비유란 무엇이나요?
  ☼ 다른 사물과 서로 견주는 것이지요. 비유는, 동시에서 싱싱

하고 새로운 느낌을 주거든요.

　－동시의 제목은요?

　☼ 제목을 정해 놓고 쓰기도 하지만 전체의 내용을 담을 수 있는 말로 정하지요.

　－동시의 감상은요?

　☼ 구체적으로 뜻을 따지고 해석하는 것이 아니라, 느끼고 생각하는 것이지요.

　－동시에도 형식이 필요하나요?

　☼ 동시보다는 동요가 형식을 필요로 하지요. 동요는 노래 부르기 좋게 리듬에 맞추어 흥이 나도록 쓰니까요 동시는 읽거나 읊음으로 잘 느낄 수 있으니까, 읽거나 읊기 좋게 형식을 꾸미는 것도 중요하겠지요.

　－동요가 밖으로 느낌이 흐른다면, 동시는 어떤가요?

　☼ 안으로 거두어들여서 꿈꾸게 하고, 생각하게 하고, 깊이 느끼게 하지요.

　－동시를 생활시라고도 하던대요.

　☼ 생활에서 쓸 감을 생활에서 느낌을 많이 쓰기 때문이지요.

　－동시는 왜 쓰나요?

　☼ 삶에 대한 꿈의 동산을 넓히고 느낌을 닦아서 마음이 넉넉한 생활을 하고 성의와 인내력을 길러 주니까요.

　－좋은 동시란 어떤 것이나요?

　☼ 좋은 생활의 좋은 생각을, 새로운 생각을 쓰는 것이겠지요.

　－잘 알았어요. 안녕히 계세요.

　☼ 또 오세요.

•『빨강 자동차』1965년

2. 좋은 글을 지으려면

- 선생님, 안녕하세요? 글짓기 이야기 들으러 왔습니다.

☼ 참 좋은 일입니다.

- 좋은 글을 지으려면 어떻게 하나요?

☼ 바르게 쓰고, 알기 쉽게 쓰고, 쉬임 없이 쓰고, 알맞게 쓰고, 아름답게 쓰는 것이지요.

- 바르게 쓰려면요?

☼ 바른 글자를 써야 하고, 바른말을 써야 하고, 뜻이 하나인 말을 쓰며, 말의 관계를 확실히 하고, 띄어쓰기와 부호를 바로 잘 써야 하겠지요.

- 알기 쉽게 쓰려면요?

☼ 쉬운 말로 간단하고 알기 쉽게 쓰며 연결이 잘된 글을 써야 합니다.

- 쉬임 없이 쓰려면요?

☼ 대중말과 품위 있는 말을 쓰며, 알맞은 말을 가지고, 조화가 잘되게 쓰는 것이지요.

- 알맞게 쓴다는 것은요?

☼ 꾸밈없이 솔직하게 쓴다는 뜻입니다.

- 아름답게 쓰려면요?

☼ 재미있게, 깊은 인상을 주도록 뚜렷한 목표가 있는 글을 써야지요.

- 마지막으로 글의 퇴고에 대해서 말씀하여 주세요.

☼ 형식 면으로는 말법, 표준말, 부호, 탈자 등을 바르게 고쳐 쓰는 것입니다.

그리고 내용 면으로는,

① 같은 말이 되풀이되었는가?

② 자기 생각을 완전히 나타내지 못하지는 않았는가?

③ 지나치게 자세히 쓴 곳은 없는가?

④ 쓸데없는 어구는 없는가?

⑤ 알맞지 않은 표현은 없는가?

⑥ 뜻이 통하지 않은 어구는 없는가?

⑦ 내용이 확실하지 않은 어구는 없는가?

⑧ 내용과 표현이 잘 어울렸는가?

⑨ 이야기의 순서는 잘되었는가?

⑩ 내용과 글의 길이는 알맞은가?

하는 것을 고치고 닦는 것입니다.

- 잘 배웠습니다.

☼ 부지런히 공부하세요.

• 『빨강 자동차』 1965년

3. 한 편의 동시를 짓기 위하여

한 편의 동시를 짓기 위하여
많은 시간을 직원실에 앉아
많은 생각을 하였습니다.
그러고도 모자라서
다 가고 없는 오후
빈 운동장을 거닐었습니다.

한 편의 동시를 낳기 위하여
운동장을 거닐다가 3층으로 올라가
무던히도 바닷바람을 쏘였습니다.
그러고도 모자라서 2층의 도서관에
들어가 종고산 푸른 숲을!
꼬부라진 산길을!
내 눈은 헤매고 있었습니다.

한 편의 동시를 빚어내기 위하여
푸른 잔디에 누워 푸른 하늘을
흘러가는 구름 따라 둥둥 떠 가고 싶었습니다.
그러고도 모자라서 산비탈에 익어 가는
보리밭의 따사로운 햇살을 받으며
맑은 공기를 마시는 들길을 거닐고

싶었습니다.
한 편의 동시를 쓰기 위하여
산골 집에서 짚신을 신고
산길을 거닐던 시절을
생각하였습니다.
그러고도 모자라서
바닷가 초가집에서 바닷바람을 타고
물결을 헤쳐 가는 풍선을 바라보던 날을
생각하였습니다.

한 편의 동시를 만들기 위하여
문풍지가 팔랑거리는 겨울밤에 밤새워
읽은 안데르센의 동화를 생각하였습니다.
그러고도 모자라서
꼬마 동생이 "형님 온다." 소리 내며
코 묻은 얼굴로 달려드는 것을
생각하였습니다.

한 편의 동시를 꾸미기 위하여
지금은 아무도 없는 교실에서
빈 의자와 빈 책상에 가만히 앉아
공부하던 아이들을 생각하였습니다.
빈 교실에서 공부하던 아이들의 속삭임이
내 귀로 작은 메아리 되어
소곤소곤 들려옵니다.

그러고도 모자라서
직원실에 앉아
창밖을 무던히도 바라보고 있습니다.
								- 1965년 6월 20일

• 『빨강 자동차』「책 머리에」, 1965년,

4. 동시를 위하여

이 세상에는
어린이를 위한
동심을 찾는
시인도 많은데

꿈을 키우는
깊이 느끼는
음악이 흐르는
시를 쓰는데

오후의 빈 운동장이나
바닷가 언덕이나
노을 낀 산길을
거닐다가

흐르는 구름이나
들길에 부는 바람이나
아이들의 속삭임이
쓸감이 되는데

봄, 여름, 가을, 겨울

일 년 내내
많은
생각을 하는데

잃었던 것을
동시로 채우며
늘
출발을 향해서

『빨강 자동차』 이후 12년
여기저기
흩어진
동시를 모아서

더 많은 사랑을
크낙한 용기를 위해
『손자들의 숨바꼭질』을
본다.

- 1977년 3월 20일

• 『손자들의 숨바꼭질』 「머리시」, 1977년.

5. 다시 새로워지기 위하여

여기에 실린 동시들은 1981년 이후 여러 지면에 발표되었던 작품들이다.

3년 전 원고지에 정리는 했으나 아무래도 내키지 않아 서랍에다 잠을 재워 놓고 있었다. 그러나 스스로 버릴 수는 없어서 한데 묶어 사랑하기로 했다

그러니까 7년 만에 내는 네 번째 동시집이 된다.

한동안 자유를 노래하고, 믿음을 노래하고, 사랑을 노래하고 싶었다. 지금은 노래 부르지 못할지라도 자유스럽게 생각하고, 믿음으로 생활하고, 사랑하면서 살고 싶다.

이 작은 동시집이 그동안 귀한 저서를 보내 주신 분들께 감사의 인사를 드리게 되고, 스스로에게는 더욱 새로워지는 계기가 되기를 바라고 있다.

- 1987년 6월

• 『아침을 위하여』 「동시집을 내면서」, 1987년.

6. 시를 생각한다면

산을 오르면서도 시를 생각하고
여행을 하면서도 시를 생각한다면
얼마나 즐거운 일인가?
들을 거닐면서도 시를 생각하고
거리를 가면서도 시를 생각한다면
얼마나 아름다운 일인가?
눈으로라도 시를 가까이 생각하고
마음으로라도 시를 꾸준히 생각한다면
얼마나 다행스러운 일인가?
이제부터라도 즐겁고 아름답고 다행스럽도록
새로운 다짐을 하여야겠다.
한 해를 부지런히 보냈어도
스스로의 일에는 등한하여
작은 이 시집을 내면서
스스로의 위안으로 삼는다.

『도깨비나라의 시』는 『아침을 위하여』 이후의 7년 동안의 시와 다른 지면에 수록된 시가 곁들여 있는 것은 한국동시문학선서에 정리되기 위해서이다.

- 1993년 12월 10일

• 『도깨비나라의 시』「머리말」, 1993년

7. 감사한 마음으로

항상 감사한 마음으로 일하고 있습니다.
항상 감사한 마음으로 산을 오르고 있습니다.
눈이 오면 눈이 오는 대로, 바람이 불면 바람이 부는 대로, 양지는 양지대로, 음지는 음지대로 산을 오르고 있습니다.
얼마 전 동화 시집 『참 예쁘구나, 할아버지 돋보기안경』을 내고, 이번에는 기행 동시집 『도봉산 솔솔』을 냅니다.
여러 산을 오르고 있지만 도봉산을 가장 많이 올라 시집 제목을 『도봉산 솔솔』로 하였습니다.
산을 오르면 나무, 풀, 꽃, 바위도 많이 있고, 다람쥐는 달려가고 까치는 날아갑니다.
해가 가고 달이 갈수록 산을 오르는 분들이 많고, 아빠, 엄마를 따라온 꼬마 등산가도 많아집니다.
산을 오르면 산은 가슴을 열어 줍니다.
인생은 여행이고 기행이라고 생각합니다.
모두 다 산을 사랑하고 아름다운 날이기를 기대합니다.
기행 동시집을 위해 사진으로 도와주신 황성옥 사진작가와 시 해설을 써 주신 오순택 시인께 감사드립니다.
월간 ≪아동문예≫와 시 쓰기에 정성을 다하겠습니다.
항상 감사드리고 있습니다.

• 『도봉산 솔솔』 「머리글」, 2005년

8. 시인의 말

항상 감사한 마음으로 산을 오르고 있다.
눈이 오면 눈이 오는 대로, 바람이 불면 바람이 부는 대로 산을 오르고 있다.
산을 오르면 나무, 풀, 꽃들이 서로 마주 보고, 다람쥐는 다람쥐대로, 까치는 까치대로 날아가고 있다.
해가 가고 달이 가면 오르는 이들이 많아지고 꼬마들도 등산가가 되어 산을 오르는 것을 본다.
산을 오르면 산은 언제나 가슴을 열어 주고 산길을 넓혀 주고 있다.
날이 밝을 때도, 어두울 때도, 하늘이 맑을 때도, 흐릴 때도 싱싱하게 산을 오르고 있다.
아침에는 찬란한 태양이 솟아오르고 새 힘이 넘쳐 흐른다.
아침은 미지의 세계다. 아침은 설레는 마음으로 날마다 새롭게 시작한다.
그리하여 인생은 여행이고 기행이다.
아침은 시를 찾아가고 있다.
산의 마음이 거기에 있으니까 시인의 마음도 거기에 있다.
산과 이야기하고, 산을 오르며, 시를 찾아가고 싶다.
목표를 향해 끊임없이 부딪치며 밀려오는 시를 찾아가고 싶다.
항상 감사한 마음으로 시를 찾아가고 싶다.

● 『박종현 동시선집』「머리글」, 2015년

9. ≪아동문예≫ 발행에 대한 이야기

1958년 광주사범학교를 졸업하고 시골 학교에 근무하다 군 복무를 마치고 다시 시골 학교로 오게 되었다. 이후 다행히 인사 이동으로 큰 도시 여수동국민학교로 자리를 옮길 수 있었다. 그곳은 문교부 지정 도서관 연구 학교였다. 그때 동시집 『빨강 자동차』를 출간했다.

비슷한 시기, 장편 소설 「푸른 날개」를 1965년 5월부터 1966년 4월까지 1년 동안 ≪교육평론≫에 연재하고 있을 때였다. 나는 ≪교육평론≫ 사장에게 "≪교육평론≫에 근무하고 싶다."는 편지를 보냈다.

사장은 나의 편지를 받고 "겨울 방학 동안 한 달간 근무하고 그때 서로 더 생각해 보자."는 답신을 보내왔다. 겨울 방학이 되어 나는 ≪교육평론≫에 찾아갔다. 사무실은 서울 광화문 부근의 건물 2층에 있었다. 나는 근처에서 야간 고등학교에 다니는 학생과 함께 자취를 하면서 ≪교육평론≫에 다녔다. 제일 먼저 출근해 청소도 하고 원고도 교정보면서 날마다 열심히 생활했다.

퇴근 후에는 여러 교육 잡지 사무실을 다니면서 사람들을 만났다. 그리고 한 달이 지나 월급도 받고 직원들과 술도 한잔 나눈 뒤 아쉽게 헤어졌다. 다시 여수에 돌아와 여수남국민학교에 근무하고 있을 때였다. ≪교육주보≫에서 전남지사를 맡아 달라고 하면서 계약금을 갖고 다음 날 찾아왔으면 좋겠다는 연락을 받았다.

　나는 착잡한 마음으로 교실 창가에 서서 먼 바다를 바라보고 있었다. 복도를 지나가다 안타까운 표정의 내 모습을 본 양호 교사는 무슨 일이 있느냐며 물었다. "≪교육주보≫ 계약을 위해 계약금이 필요한데 돈이 없다."는 이야기를 했다. 양호 교사는 잠시 기다리라 말하고 교무실에 갔다가 다시 찾아왔다. 만난 지 얼마 되지도 않은 때였는데 나에게 이렇게 말했다.

　"모두 잘되었어요. 지금 택시를 타고 큰 광장에 가세요. 거기 양장점이 있어요. 언니가 계약금을 갖고 기다리고 있으니 돈을 받아 그 택시로 기차역에 가면 서울 가는 기차를 탈 수 있어요."

　양호 교사의 말을 듣고 나는 즉시 택시를 타고 양장점에 갔다가 서울로 달렸다. 그날 밤새도록 달려 서울 사무실에 찾아가 ≪교육주보≫ 지사장 계약을 했다.

　그리하여 나는 교직을 그만두고 새길로 갔고, 양호 교사 역시 독일로 새길을 찾아갔다. 김포공항에서 떠나면서 그녀는 "돈은 아무 때나 언니한테 주면 됩니다." 했다. 그렇게 하여 교직을 떠난 것이 스물여덟 살 때였다.

　나는 남쪽 바다 여수를 떠나 전남의 도청이 있는 광주로 거주지를 옮겼고 충장로의 건물 2층에 사무실을 두었다. 그리고 ≪교육주보≫에 이어 ≪수업연구≫1968년 9월호에 소설「거리」를 발표 ≪교단≫ ≪교육평론≫ 등의 전남지사를 운영했다.

　그때 각 교육청과 중·고등학교를 찾아다니며 선·후배들을 많이 만났다. 이 일도 오래 되자 다시 새로운 길을 찾고 싶었다.

　혼자 배를 타고 제주를 오고 가면서 새길을 생각했다. 제주 바닷가에서 혼자 소주를 마시며 넓고 푸른 바다를 바라보면서도 생각했다.

당시 생각했던 것이 교직 생활과 아동문학이다. 그리하여 아동문학 전문지를 발간해 동화, 동시, 동극 등을 발표할 지면을 만들고 싶었다.

나는 등록 서류를 만들어 문화공보부에 보냈다. 그렇지만 오래도록 소식이 없었다.

1976년 2월 방송통신대학 졸업식이 서울에서 있었다. 나는 경영학과, 아내는 초등교육학과를 졸업하게 되어 함께 서울에 갔다. 그 참에 문화공보부를 찾아갔다. 담당자는 서류를 몇 군데 수정하고 잘될 테니 곧 등록증을 보내 주겠다고 대답했다.

얼마 후 등록증을 받아 들었다. 얼마나 기뻤던지 초등학생들의 상장처럼 벽에 붙여 놓고 바라보았다.

1976년 5월 1일 아동문학 전문지 ≪아동문예≫ 창간호가 104쪽, 값 400원으로 발행되었다. 발행지는 광주시 서석2동 471-11, 쉬지 않고 발간하고 정성을 다했다.

1980년 5월 광주민주화운동 때 시련을 겪기도 했다. 계엄사령부에서 ≪아동문예≫를 보고는 시 구절을 문제 삼아 고치라고 했다.

동시 구절 "종소리 당, 당, 당"에서 "총소리 탕, 탕, 탕"이 연상된다고 했다. 그리하여 견본을 다시 만들고, 목차는 「종소리가 울려 퍼질 때」로 그대로 두고, 내용은 「아기별 형제」로 바꾸어 납본했더니 그제야 발행 허락이 떨어졌다.

그 뒤로 ≪아동문예≫의 활성화를 위해 발행지를 서울로 옮기기로 했다. 발행지 변경 서류를 만들고 문화공보부에 신청한 뒤 새로운 ≪아동문예≫를 내놨다. 표지에는 '1981년 새해 ≪아동문예≫ 혁신호'란 문구를 넣었다.

처음 터를 잡은 서울 인사동 사거리의 건물에서 자리를 옮겼다. 교직에 있는 가족이 만든 자리였다. 지금 서울 도봉구 도봉로에서 우리 ≪아동문예≫ 사무실 생활은 앞으로도 죽 이어질 것이다.

• 『박종현 동시선집』「박종현은」, 2015년

10. 머리말

여기에 모은 8편의 동화들은 그동안 각자 다른 지면에 발표되었습니다. 그래서 모두들 모양이 다르고 내용이 다르리라 생각됩니다.

지금까지 우리가 살고 있는 세상에는 많은 동화들이 태어났고 앞으로도 계속해서 태어날 것입니다. 그러나 그 모양과 내용은 항상 새로워지고 서로 다를 것입니다.

수많은 사람들의 얼굴이 모두 다르듯이 사람들의 마음도 모두 다를 것입니다. 지은이도 다른 사람들과는 얼굴이 다르듯이 동화를 쓰는 마음이 다를 것입니다. 그래서 여기에 모든 동화들은 지은이만의 모습과 마음일 것입니다.

좋은 동화를 쓰는 일은 좋은 사람이 되는 것처럼 어려움을 느끼게 됩니다. 그러나 더 좋은 동화를 쓰고자 애쓸 것입니다.

그동안 발표했던 동화 8편을 한자리에 모아 『별빛이 많은 밤』을 내게 되어 기쁩니다. 동화집을 내 주신 잡지사 정해상 사장님과 예쁘게 그림을 그려 주신 김석원 선생님께 감사를 드립니다.

- 1985년 4월

● 『별빛이 많은 밤』「머리말」, 1985년

11. 동화를 쓰는 마음

내 동화는 내 마음이다.
많이 울지는 못했지만 눈물 자국을 지닌
내 마음이다.
많이 웃지는 못했지만 웃음 자국을 지닌
내 마음이다.

내 동화는 내 얼굴이다.
우울했던 날들의 슬픈 모습을 지닌
내 얼굴이다.
아름답던 날들의 기쁜 모습을 지닌
내 얼굴이다.

안타까움이 많았던 내 마음 자국처럼
부끄러움이 많았던 내 얼굴 모습처럼
내 동화는 안타까움과 부끄러움이다.

● 『꽃 파는 아이』「책 끝에」, 1991년

11. 리터엉 할아버지 최태호 선생

맑고 곧은 선비의 기품

최태호 선생은 기품이 맑고 곧은 선비이고, 늘 멋과 여유가 넘쳐흐르는 멋쟁이셨다. 그런 선생님은 몹시 키가 컸다.

선생은 문교부에 근무할 때 어찌나 청렴결백했는지 삼청동 외진 곳에 있는 작고 허름한 집에 살았다. 어느 날 어떤 손님이 선생 댁을 찾아왔다. 문교부 편수관으로, 아동문학가로, 수필가로 유명한 선생이 살기에는 집이 너무 작고 형편없이 초라한 것을 보고 놀랐다. 손님이 밖에서 서성거리고 있는데, 선생의 따님이 마당으로 나왔다.

"최태호 선생님을 찾아왔습니다만……."
"지금 외출하고 안 계십니다."

손님은 돌아섰다가 궁금해서 따님에게 물었다.

"저어, 선생님께서 주무시는 방이 어딘가요?"
"안방에서 주무시는데요?"
"그래요, 그런데 저렇게 좁은 방에서 어떻게 주무시지요? 선생님은 발을 뻗을 수도 없을 것 같은데."
"우리 아버지는 대각선으로 주무시는걸요."

이럴 정도로 선생님은 키가 컸다.

내가 최태호 선생을 자주 뵙게 된 것은, 인사동에서 ≪아동문예≫를 낼 때였다.

4층에 있는 사무실은 천장이 몹시 낮았다.

선생은 '아동문예'를 찾아올 때마다 낮은 천장 때문에 늘 구부정하게 허리를 구부리고 들어와야 했다.

나는 그때 일이 잊혀지지 않는다.

사무실 천장이 낮은 것은 '아동문예' 형편 때문이지만, 마음에 걸리고 죄송하게 느끼고 있었다. 물론 선생은 한 번도 낮은 천장을 탓하신 적이 없다.

최태호 선생은 작은 일에도 엄정하고 대쪽같이 바르게 처리했으나, 속마음은 몹시 따뜻한 분이다. 선생의 따뜻함과 엄격함을 보여 주는 일화는 많이 있다.

정부 수복 후 얼마 안 되어서다. 정부를 상대로 바른 소리를 많이 한 탓으로 선생은 문교부에서 옥천으로 좌천되어 내려갔다.

그러자 그곳 교직자들이 아동문학가이며 교육가로 이름이 높은 선생이 자기 고장에 부임했다는 소식을 듣고,

"초등학교 교장 선생님들에게 한글 강습을 해 주십시오."

하고 청했다. 선생은 쾌히 응낙했다.

강의 장소에는 각 학교 교장 선생님들이 점잔을 빼고 앉아 있었다.

이때 선생은 그들에게 백지 한 장씩을 나누어 주었다.

"지금부터 받아쓰기 시험을 보겠습니다. 준비해 주십시오."

교장 선생님들은 놀라고 당황했다.

일제 강점기에는 우리말과 우리글을 오랫동안 탄압했기 때문에, 그 시절에 교육받은 교장 선생님들은 한글에 익숙하지 못했다. 교장 선생님들은 땀을 뻘뻘 흘려 가며 받아쓰기를 했다.

받아쓰기 시험이 끝나자 최태호 선생은 시험지를 거둔 뒤에

엄숙한 표정으로 말했다.

"이 받아쓰기 성적은 며칠 후에 발표하겠습니다."

교장 선생님들은 명색이 교육을 담당하는 교직자인데 받아쓰기 성적이 나쁘면 큰 망신이라 가슴을 졸였을 것이다.

그리고 이튿날 금고 속에 두었던 답안지를 교장 선생님들께 돌려주었다.

"교장 선생님들, 제가 설명한 내용과 대조하면서 답안지를 각자 채점해 보십시오."

교장 선생님들은 안도의 숨을 내쉬었다. 그들은 모두 최태호 선생의 의도를 짐작했다.

교육자로서 한글을 모르고 있다는 것에 대해 큰 부끄러움을 느꼈을 것이고, 남에게 상처를 주지 않으려는 선생의 따뜻한 마음에 감사함도 느꼈을 것이다.

해학의 미소로움을 겨냥한 동화

일반적으로 시·소설·희곡·수필 등의 문학 장르가 어른을 위주로 한 창작이라면, 동화는 어린이와 어른을 함께 수용하는 장르다.

그 때문에 일반 문학은 삶의 여러 가지 모습을 모두 소재나 주제로 삼아 흥미를 유발시킬 수 있는 데 반해, 동화는 어린이들이 이해할 수 있는 내용과 문장에 중점을 두어야 한다.

『리터엉 할아버지』는 1955년 출간되어 해학의 미소로움으로 독자의 인기를 끈 작품이다.

6·25전쟁은 수많은 인명을 죽이고 엄청난 재산을 불살라 버리고 모든 국민에게 가난과 질병으로 참기 어려운 불행을 안겨

주었다.

　그러나 인간의 희망과 동경이 얼마나 값진 것인가를 깨닫게 해 주는 교훈도 남겼다. 전쟁 속에서 간신히 살아남은 가운데도 어린이들은 구김 없이 자랐고 배움의 길은 하루도 끊이지 않았다.

　『리터엉 할아버지』는 어린이들에게 웃음과 희망을 주기 위해 교육성을 생각하며 쓴 장편 동화다. 그러나 동화가 『도덕』교과서와 다르듯이, 이 작품에는 문학의 향기가 가득 담겨 있다.

　　동네 아저씨들은 리 영감이라고 부르고 있지만, 아이들은 모두 리터엉 할아버지라고 부르지요. 그건 다름 아닙니다.
　　할아버지한테 옛날이야기를 듣고 자란 젊은 언니들이
　　"할아버지 얘기는 참 엉터리야, 엉터리."
　이렇게들 웃다가,
　　"참, 할아버지 성이 리 씨니까, 우리 엉터리를 거꾸로 불러서 리터엉 할아버지라고 하자."
　라고 한 데서 비롯하여, 어느새 참말로 리터엉 할아버지라고 불러 왔답니다.

　이렇게 이 장편 동화는 '엉터리 할아버지'를 '리터엉 할아버지'로 바꾸었지만 그 당시의 시대성에 대한 우의도 염두에 두고 쓴 작품이다. 전래 동화나 『아라비안나이트』식으로 엮어 가며 독자의 흥미를 크게 살려 나간 작품이다.

　아무리 위대한 작품을 썼다 할지라도 독자에게 읽히지 않는다면 그 작품은 위대할 수 없기 때문이다.

　그리하여 흥미성과 함께 생활의 눈을 가늠하여 의도적으로 교육성을 부여하는 동화를 창작했다. 특히 어린이는 스스로 변화에 적응하고 감동을 받으며 성장하기 때문에 변화하는 시대의 갈등 속에서 감동을 받을 수 있는 주제를 다루고 있다.

최태호 선생의 아동문학은 교육성과 문학성을 독특하게 살린 향기로운 꽃밭이다.

그립고 아름다운 출판 기념회

최태호 선생으로서는 첫 출판 기념회이자 마지막 출판 기념회 날인 1987년 6월 25일 저녁 7시, 한국걸스카우트 건물 10층 강당 안은 훈훈한 웃음이 감돌았다.

1955년에 출간되어 6·25전쟁을 겪은 어린이들에게 희망과 기쁨을 주었던 『리터엉 할아버지』가 새로운 모습으로 탄생했고, 선생의 교육관에서 설정한 어린이상이 담긴 『호랑이 선생님과 토끼 선생님』을 받아 든 문단의 선후배들과 교육계, 친지·제자들의 가슴은 기쁨으로 가득 넘쳤다.

선생은 강당을 가득 메우며 들어서는 참석자들에게 환한 웃음을 보내고 악수를 하며 즐겁게 맞이했다.

건강이 극도로 좋지 않은데도 조금도 내색하지 않은 채, 큰 선비만이 가능한 멋과 여유와 기품으로 의젓함과 꿋꿋함을 보여 주었다.

선생은 이 세상에 얼마 있지 않으리란 것을 스스로 알고 있으면서도 조금도 흐트러짐 없이 두 시간 넘도록 진행된 출판 기념회를 다 지켜보고 자상한 말씀도 오랫동안 해 주셨다.

1987년 6월, 대통령 직선제를 요구하는 시위가 전국적으로 확대되어 온 거리는 매우 혼란스러웠으므로 출판 기념회 날짜를

정하지 못하다가 더 이상 늦출수 없어 25일에 가졌으면 좋겠다고 전화를 드렸더니 선생은

"내가 그때까지 살게 될지 몰라."

하고 말씀하셨다. 그러나 25일은 다른 날과 달리 서울의 거리는 평온했다.

선생은 늠름한 모습으로 식장에 나오셔서 모든 이들에게 환한 웃음을 보내며 조금도 불편한 기색을 보이지 않았다.

그리하여 선생의 처음이자 마지막 출판 기념회는 훌륭하게 끝났고, 차려진 음식도 부족하지 않아서 오신 이들이 오랫동안 정담을 나누었다.

해방 직후에는 국어 교육과 교과서 편찬에 심혈을 기울였고, 1960년대에는 잡지 ≪아동문학≫ 편집 위원으로 아동문학의 이론을 정립하고, 아동문학 황무지에 아동문학의 씨를 뿌리셨다.

나는 이론 위주의 ≪아동문학≫지를 읽으며 작품 위주의 '아동문예' 잡지를 늘 생각해 보았기 때문에, 1960년대의 잡지 ≪아동문학≫은 1970년대에 태어난 ≪아동문예≫지의 큰 샘이었다고 생각하고 있다.

또한, 선생은 멋과 웃음이 감도는 해학적인 수필을 많이 써서 『애처론』『낚시와 인생』『누가 왕인가』 등 보배로운 수필집도 남기셨다.

일복이 많았고 참으로 정이 많은 선생님께, 출판 기념회가 끝나고 방명록과 찬조 내역을 적어 말씀을 자세하게 드리고 돌아왔다.

출판 기념회가 즐겁고 그처럼 성대하게 끝난 보름 후 7월 9일, 나를 급히 찾는다 하여 선생 댁으로 서둘러 찾아갔다.

선생은 사모님을 밖으로 나가게 한 뒤 손을 꼽으시며 여러 가지 일을 차근차근 당부하셨다.

"부끄럽지 않게 이 세상을 살다 가고 싶었다. 안성 고향 선산에 못자리를 준비하라."

"강소천 문학비의 비문과 글씨는 알아서 하라."

"내 생각은 ≪누가 왕인가≫에 들어 있다."

등등의 말씀에 이어, 문단의 몇몇 분을 만나 보고 싶다고도 하셨다.

그리고 선생은 자리 밑에 넣어 둔 봉투를 꺼내더니 '동화집 발간과 출판 기념회로 애썼다.'는 말씀에 이어 내 손을 꼭 쥐며 봉투를 건네셨다.

선생의 면전에서 도저히 거역할 수 없어 돈이 든 봉투를 말없이 받았다.

그러고는 방을 나오면서 부엌에 계신 사모님께 봉투를 전해 드리려고 했으나 받지 않으셔서 상 위에 올려놓고 나왔다.

그날 밤 선생은 이 세상을 떠나셨다.

선생이 살아 계시는 동안 동화집을 내고 싶었고, 출판 기념회를 하고 싶었기 때문에 그 일이 모두 실현되어 나는 한없이 기쁘기만 했다. 선생도 정말 기뻤으리라 생각한다.

선생께서 돌아가시기 전, 문단과 교단의 많은 분들과 친척들을 만나 보시게 되어 참말 다행스러운 일이었는지도 모르겠다.

'아동문예' 인사동 시절 좁은 사무실에 가끔 들르시어 청자 담배를 피우시고 커피를 드셨던 최태호 선생, 선생의 동화책을 내고 출판 기념회를 가졌던 것을 그립고 아름다운 추억으로 간직하고 있다.

• 『문단유사』, 월간문학 출판부, 2002년

2. 등산等山을 말하다

1. 「머리글」

이원수 동시인·동화 작가

　박종현 씨는 10여 년 전에 동시집 『빨강 자동차』를 낸 일이 있다. 이제 그동안의 수련 속에서 빚어진 작품들을 모아 제2의 시집을 내놓는다고 하니 반갑고 또 반갑다.
　박종현 씨의 동시는 말의 아름다움보다 생각 - 마음의 아름다움을 노래하는 시인이다.
　마음의 아름다움은 자라는 태도나 과정의 따스하고 올바름에서 찾아지는 것이기도 하다.
　"그날은 비가 내리고 있었네. 국립나병원 소록도의 꽃밭에, 나무줄기에, 사랑의 바다에, 빗방울이 쏟아지는 바다 가운데 물너울이 넘치고 있었네."
　이렇게 시작되는 「그날 소록도에 내린 비가 오늘 아침 우리 집 마당에 내리고 있네」란 산문시는 박종현 씨의 시 중에서도 사람을 끌어당겨 무겁게 가라앉혀 준다.
　가라앉은 마음속에서 더 큰 움직임과 솟아오르는 마음, 설움 속에서 얻어지는 설움을 넘어서는 힘, 이런 것들이 이분의 시에서 얻어지는 귀한 선물임을 나는 믿고 있다.

1977년 2월 20일
한국아동문학가협회 회장

● 『손자들의 숨바꼭질』 「머리글」, 1977년

2. 「서문」

김요섭 시인

  박종현 시인이 꿈꾸는 시의 나라는 벚꽃나무 가지에, 살구나무 꽃잎에 빗방울이 떨어지는 마을이었다. 그의 아름다움을 찾는 눈은 시간의 금물결을 타고 백제의 젊은이들이 연을 띄운 하늘에, 백제의 예쁜이들이 나물을 캐던 두던에, 백제의 할아버지들이 김을 매던 텃밭에, 백제의 할머니들이 마중 나간 그 커다란 달 속에도 그의 꿈은 살고 있었다.
  박종현 시인은 시간의 금물결을 타고 아련한 곳으로만 찾아다니는 나그네는 아니었다.
  바로 오늘 속에서 두 주먹을 불끈 쥐고 열심히 살면서 조선대학교 뒷산이나 무등산 중턱에서 제트기를 바라보면서 그의 꿈은 하얀 빛으로 뿜어낸다. 그리고 보리밥 속에서도 그의 시는 꿈을 꾼다.
  그의 시의 목소리는 큰 산의 품 안처럼 다채롭다. 그러나 그의 목소리는 커다란 침묵의 그림자를 거느리고 있다. 그의 시는 무등산의 살결을 타고 있는지도 모르겠다.
  박종현 시인이여, 무등산처럼 넉넉하여라. 빛나라.

1977년 3월 20일
한국문인협회 부이사장

• 『손자들의 숨바꼭질』「서문」, 1977년

3. 『빨강 자동차』에 부쳐

곽진용 시인

  어린이들과 생활하면서 어린이가 읽을 시를 짓는다는 일은 즐거운 일입니다.
  지은이는 어린이와 함께 생활하기 때문에 어린이의 마음을 이해하고 이렇게 어린이의 꿈을 아름답게 가꾸기 위한 시를 지었다고 생각합니다.
  가난한 호주머니를 만지면서도 힘을 내어 책을 발행하겠다는 말을 듣고 만류도 해 보았으나 처음 뜻대로 간행한다 하니 그 뜻을 자랑하고 싶습니다.
  짜여진 시간, 틀에 박힌 생활에서 어린이들과 대화하는 많은 시간을 갖고 차분히 그들의 꿈을 키워 주려고 발버둥 치던 선생님이 그동안 여러 신문, 여러 교육 잡지에 발표한 동시를 모아 『빨강 자동차』란 동시집을 꾸미게 되니 반갑고 대견스러운 일입니다.
  읽을거리 없는 메마른 어린이의 둘레에서 그들의 벗이 되고 즐거운 생활의 보탬이 될 수 있는 좋은 글들이 엮어진 이 책을 내기까지 숨은 이야기는 한두 가지가 아니라고 알고 있습니다.
  그러나 어려운 시련을 겪으면서도 굳은 의지와 열성으로 일을 해냈다고 생각할 때 자랑스러운 일이라고 말하고 싶은 마음뿐입니다.

앞으로 이 일을 계기로 해서 보다 더 발전하고 더욱 좋은 글을 많이 쓰고 엮어 내어 어린이들의 참된 벗이 되어 주기를 바라면서 줄입니다.

- 여수아동문학회 회장

● 『빨강 자동차』 「발문」, 1965년

4. 박 형의 인간과 문학

문삼석 동시인

1.

'부단히 움직이고 개신改新해 가는 사람'-박 형을 한마디로 얘기하라고 하면 우선 이렇게 불러 보고 싶다.

이 경우, '움직인다'는 어의에 대해서는 약간의 주석이 필요한 것 같다. 세상이 복잡해지다 보니, '움직인다'는 어의가 엉뚱한 뜻까지 포괄되는 것 같아서이다.

박 형의 움직임은 항상 이상을 전제로 하고 있다. 뭔가 성취해 보려고 하는 확고한 지향성이 움직임이라고 하는 행동 차원을 유인하는 것이다. 그래서 박 형의 움직임은 언제나 정적正的이며 상응한 결과를 수반한다.

박 형을 처음 대하는 사람은 일견 저돌적이다 싶은 그의 생활 태도에서 자칫 오해를 품을 수도 있다. 또는 세상이 요구하는 타산성이나 개인화의 와중을 외면한 듯한 순수성으로, 일종의 딱한 생각을 불러일으키게도 한다. 그러나 이러한 추정이나 오해는 곧 옳지 못한 것이었음을 자인하게 된다. 박 형의 움직임은 그러한 불분명한 추정이나 오해 따위는 당초부터 허용치 않은 확고부동한 기반에서 비롯된 것이기 때문이다. 설사 만에 하나 의문의 여지를 둔 시발이었다 하더라도 박 형의 움직임은 반드시 당위의 결과를 내놓고야 만다.

한번 자리에 앉으면 쓰나 다나 눌러앉아 세월을 죽이는 사람들과는 극히 대조적이다. 이러한 박 형의 개성은 비개성화의 물결이 팽배한 현대적 상황에서 어느 정도 용인될 수 있을 것인가 하는 의문을 제기시킨다.

그럼에도 박 형은 건재하다. 그의 개성 저변에는 인간에 대한 사랑과 신뢰에 뿌리박은 뜨거운 휴머니즘이 바탕을 이루고 있기 때문이다. 이러한 기층基層에서 비롯되는 움직임이기에 박 형의 파장波長은 길고 질기다. 그리고 그 결과는 언제나 새롭고 유익한 것들이다.

박 형은 지금 퍽 외롭고 고된 작업을 벌이고 있다. ≪아동문예≫지 발간이 그것이다. 이른바 양식이 있다는 출판인들조차도 외면해 버린 아동문학지 출판은, 희생 이외의 다른 어떤 것으로도 이룰 수 없는 형극의 결실이다. 오로지 숙명적인 소명 의식에 의해서만이 가능한 것이 오늘의 상황인 것이다. 박 형은 이 지난한 작업을 스스로 짊어지고 있다.

고군분투하는 박 형의 장거를 역사는 어떻게 기록할 것인가? 그러나 이 이야기는 더 이상 거론치 말기로 하자. 사명감에 의해서 벌이고 있는 순수한 작업에 대해 보상 따위의 속물근성을 적용함은 욕된 일 이외에 아무것도 아닐 테니까.

2.

박 형의 개성적인 삶은 그의 작품 세계에서도 독특하게 나타나고 있다. 이미 십여 년 전에 『빨강 자동차』를 펴냈을 때에도 패기와 치열한 탐구 정신으로 주위의 시선을 끌더니, 이번에도 박 형은 그의 왕성한 의욕을 유감없이 발휘하여 유니크한 작품 세계의 창조에 성공하고 있다.

우선 두드러져 보이는 현상의 하나는 기법의 혁신을 시도한 강인한 실험 정신의 노출이다. 거의 매 편에서 우리는 색다른 시의 세계에 접하고 일종의 당혹감을 느낀다. 사실 박 형의 시도한 유니크한 시의 세계는 한국 동시의 일반적 구조와는 상당히 멀리 떨어진 차원에 속하는 것이다. 이러한 현상은 극히 개성적인 삶을 추구하는 박 형으로서 당연한 귀결인지 모른다. 왜소하고 편협한 동시의 현주소를 과감하게 혁파하여 좀 더 넓고 다양한 세계를 구축함으로써 동시의 지평을 무한으로까지 확산시키려는 의지는 분명 특이한 개성에 터를 두지 않고서는 기대할 수 없기 때문이다.

박 형의 시도는 다양하다. 이미지의 시각화를 의도한 행 배열의 구조화, 시에서는 거의 금기로 인식되고 있는 실명의 빈번한 삽입, 또는 상형성(象形性) 활용, 시행의 의도적인 극소화 또는 극대화 등등의 다양 다기한 양태가 마치 색상의 전시장처럼 화려하게 펼쳐진다.

이러한 일련의 작업은 퍽 의미 있는 것으로 여겨진다. 시의 형태를 전통성에만 묶어 두려는 보수주의에의 반성이나, 일차 대상 독자인 아동들의 다양한 심리 현상에 대한 구체적인 탐색 작업으로서도 이러한 시도는 상당한 타당성을 띠고 있기 때문이다.

또 한 가지, 박 형이 작품에서 보여 주고 있는 두드러진 목소리로서 인간에 대한 절대적 애정을 들 수 있다. 그것은 인간의 가치를 맹목적이라고 할 만큼 절대화하고, 그럼으로써 궁극적으로 인간 세계의 영광을 확신하는 일종의 신앙심으로까지 통하고 있다. 따라서 박 형의 종교는 인간 종교인 것처럼 느껴질 정도이다.

그러므로 어떠한 외부적 장애 조건도 일단 작품 속에서는 철저하게 거부되고, 극복된다. 이 초극의 의지는 박 형의 작품 전반에서 강하게 울리는 공명음이다. 그의 작품이 기법상의 이질감에도 불구하고 폭넓은 교감을 획득하는 이유는 아마도 이러한 인간 긍정의 대전제가 바탕을 이루고 있기 때문일 것이다.

사실 지나친 감각의 추구로 한순간의 경이감 이외에는 별로 기여함이 없는 시가 비일비재한 현실을 떠올린다면 이처럼 생각하게 하고, 인간화의 과정에 직접적으로 도움이 될 수 있는 작품을 대할 수 있음은 퍽 다행하고 귀한 일이 아닐 수 없다.

그러나 박 형은 현장인이다. 그가 시도하고 있는 기법의 혁신이나 인간 옹호의 목소리가 그래서 성급한 평가를 허용하지 않는다. 부단히 움직이고, 개신해 나기는 박 형으로서, 기법 면이나 주제 면에서 앞으로 어떻게 심화, 추구해 나갈 것인지를 예측할 수 없기 때문이다. 단지 박 형의 작품을 대할 때 느껴지는 생각은, 작품이란 작가의 의도나 정신에도 불구하고 언제나 그 자체로서 독립하는 개체라는 숙명이다.

따라서 박 형의 남은 문제는 바로 여기에 있는 듯이 보인다. 박 형이 시도하는 일련의 의욕적인 시적 작업이, 실험의 범주를 벗어나 본격적인 작업으로 승화, 정착되어 갈 때, 그가 짊어진 커다란 임무는 긍정적으로 받아들여질 수 있으며, 그럼으로써 박 형의 존재 이유는 더욱 뚜렷해질 수 있기 때문이다.

• 『손자들의 숨바꼭질』「발문」, 1977년

5. 아침, 그리고 푸른 하늘의 시

김원기 동시인

　박종현 시인의 시를 읽고 있으면, 찬란한 아침 햇살이 부서지는 금빛 바다를 희망의 돛을 달고 힘차게 노 저어 가는 어린이들을 떠올리게 된다.
　박종현 시인의 시를 읽고 있으면, 넓고, 높고, 푸른 하늘 위를 깃발 휘날리며 날아오르는 포부 큰 어린이들을 만나게 된다.
　또, 박종현 시인의 시를 읽고 있으면, 자기의 몸이 부서져 물안개로 사라지는 한이 있더라도 절대로 포기하지 않고 목표를 향하여 끊임없이 부딪치고 부서지며 밀려오고 또 밀려오는, 파도처럼 끈기 있는 어린이들을 생각하게 된다.
　이것이 박종현 시인의 시의 힘이다. 시의 빛깔이다. 이것이 박종현 시인의 포부다. 바람이다.
　시인이 즐겨 다루는 소재는 시인이 시 속에서 펼쳐 보이려는 생각의 중심이 된다. 이것을 다른 말로 하면 시인의 개성이라 할 것이다. 시인의 인생관이고 시인의 우주관이라 할 것이다.
　박종현 시인은 아침을 소재로 한 시를 많이 쓴다. 푸른 하늘을 소재로 한 시를 많이 쓴다. 하얀 파도를 소재로 한 시를 많이 쓴다. 그래서 나는 아침의 시인이라 부른다. 푸른 하늘의 시인이라 부른다. 흰 파도의 시인이라고도 부른다. 그래서 나는 아침같이 밝은, 푸른 하늘처럼 맑은, 하얀 파도처럼 힘 있는 시를 쓰는 박종현 시인을 좋아한다. 또, 그의 시를 좋아한다.

　아침이면 찬란한 태양이 솟아오른다. 밤 동안 충분히 쉬었기 때문에 새 힘이 넘친다. 유리 섬유보다 더 꼿꼿하고 빛나는 빛살을 뻗치면서 하루를 시작한다.
　새로 다가오는 시간은 미지의 세계이다. 희망만이 있을 뿐이다. 사람들은 누구나 설레는 마음으로 하루를 시작한다. 이렇게 써 놓고 보니 이건 아침에 대한 우리의 상식적인 생각에 지나지 않았다. 박종현 시인의 생각은 이처럼 단순하고 상식적인 선에 머물러 있지 않은 것이 특징이다.

　　이슬은
　　밤새워 풀잎을 닦는다.
　　그리하여 아침은
　　마알갛게 떠오른다.

　　바람은
　　밤새워 창문을 닦는다.
　　그리하여 아침은
　　새 빛이 솟는다.

　　해님은
　　밤새워 구름을 닦는다.
　　그리하여 아침은
　　새 힘이 넘친다.

　　　　　　　　　　　　　　　-「아침을 위하여」전문

아침이 맑은 것은 이슬이 밤새워 풀잎을 닦아 주었기 때문이라 했다. 풀잎이 싱싱하게 고개를 들고 있기 때문에 아침은 살아 있는 것으로 보인다.

아침이 빛나는 것은 바람이 밤새워 창문을 닦아 주었기 때문이라 했다. 아침이 새 힘이 넘치는 것은 해님이 밤새워 구름을 닦아 주었기 때문이라 했다. 참으로 그렇다. 티 하나 없이 밝은 창문으로 새로 열린 아침이 보인다. 구름이 두둥실 가볍게 떠 간다. 저렇듯 몸이 가벼우면 오늘 하루 천 리 길을 가도 거뜬하겠다. 우리도 발걸음 가볍게 출발을 하자.

빛나는 아침이 더욱 빛나는 것은 또 다른 이유가 있기 때문이다.

> 꽃들이
> 뜨락에서
> 밤마다
> 이슬을 마시기
> 때문이다.
>
> 나무도
> 언덕에서
> 밤마다
> 바람을 만들기
> 때문이다.
>
>   -「아침이 더욱 빛나는 것은」 중에서

아침에 새 빛이 솟도록 밤새워 창문을 닦아 준 바람은 어디서 왔는가? 그것은 언덕에 서 있는 나무가 만들어 낸다. 그 바람이

있기 때문에 아침이 더욱 빛나는 것이다.
　밤새워 풀잎을 닦는 이슬, 그것은 뜨락에서 꽃들이 마시고 아침을 더욱 빛나게 하는 것이다.

　　밤마다
　　달빛에 젖어서
　　하얗게 젖어서
　　아침마다
　　새로 솟아납니다.

　　…중략…

　　밤마다
　　별빛이 내려서
　　하얗게 내려서
　　아침마다
　　새 빛이 납니다.

　　　　　　　　　　　　　-「아가의 나무」중에서

　아가의 뜨락에 심어 놓은 나무는 밤이면 달빛에 흠뻑 젖었다가 아침이면 새로 솟아난다. 밤이면 별빛에 흠뻑 젖었다가 아침이면 새 빛이 난다.
　아가의 뜨락에 심어 놓은 나무는 어떤 나무인가? 아가의 가슴속에서 자라고 있는 아가의 소망, 아가의 포부, 그런 것이 아니겠는가?
　그 나무가 아침마다 새로 솟고, 새 빛이 난다는 것은 얼마나 좋은 일인가? 아가에게서 이런 희망, 이런 빛을 발견하는 시인의 마음이야말로 얼마나 빛나고 아름다운 것인가?

박종현 시인은 여기 인용된 시 말고도 '눈부신 햇살' '해님의 빛살' '새 빛' '빛살 고운 은빛 새' 등 고기비늘처럼 번득이는 아침의 이미지들로 빚은 시를 많이 보여 주고 있다.

푸른 하늘, 푸른빛은 희망의 상징이다. 호연지기란 말이 있다. 무한히 넓고 무한히 큰 포부를 가지고 살아가는 용기 있는 사람이 이 세상 어디에 내놓아도 한 점 부끄러움 없는 도덕을 갖춘 사람을 호연지기가 있다고 한다.

박종현 시인이 노래하는 푸른빛과 하늘은 모두 어린이들이 늘 가슴에 품고 살아야 할 소중한 호연지기의 이미지들이다.

> 반짝이는 은빛 따라 5월이 오면
> 우리들 생각은
> 파도로 일렁이는 바다이라
> 바람도 꽃을 피운다.
>
> 5월이 오면 우리 모두 일어나서
> 보랏빛 꽃으로 피어
> 푸른 하늘을 보자.
> 초록 들길을 달리자.
>
> ―「5월은 꽃으로 피어」 중에서

> 푸른 하늘에서
> 꿈을 나는

은빛 새야.

꿈과 보람
한 아름 안고서
하늘처럼 높이
날아라, 새야.

― 「2월의 소리」 중에서

5월은 어린이의 달이다. 푸르름의 달이다. 희망의 달이다. 앞으로 나아가야 할 달이다.

앉아 있을 수는 없다. 그래서는 안 된다. 힘차게 달려 나가야 한다. 철아, 남아, 순이야, 기철아, 온 세계의 어린이 친구들아, 우리 모두 일어나서 푸른 하늘을 달리자. 초록 들길을 달리자.

또, 푸른 하늘을 날며 꿈을 펴는 은빛 새야, 푸른 하늘을 달리며 꿈을 펴는 어린이 친구들아, 꿈과 보람 한 아름 안고서 더 높이 날아라. 더 멋지게 날아라.

이것이 박종현 시인이 세계의 어린이들에게 보내는 메시지이다. 푸른 하늘을 소재로 엮어 내는 박종현 시인의 목소리는 이 시를 읽는 독자들의 가슴까지 탁 트이게 해 주는 시원함이 있다.

박종현 시인은 희망을 상징하는 푸른빛을 얼마나 좋아하는지 이 시집의 거의 반에 가까운 시편들에서 이 말을 등장시키고 있다. 푸른 하늘, 푸른 바다, 푸른 바람, 푸른 풀빛, 푸른 깃발, 푸른 메아리…….

그래서 박종현 시인을 푸른 하늘의 시인이라 했을 때 조금도 어색하지가 않은 것이다.

흰 빛깔은 순결을 상징한다. 거짓 없고, 때가 끼지 않은 깨끗한 세계, 이것이 흰빛의 세계이다.
 어린이의 세계는 때 묻지 않고 순결한 세계다. 그래서 어린이의 마음은 흰빛으로 표상된다.
 나이 들고 학년이 높아 가고 어른이 되어 갈수록 사람의 마음속에는 욕심이 생기고, 꾀가 생기고, 깨끗하지 못한 수단을 쓰게 된다. 그래서 흰빛으로 표상되는 깨끗한 어린이의 세계를 오래오래 간직하기를 바라는 것은 어린이를 사랑하는 많은 어른들의 마음이다. 이런 마음을 누구보다도 강하게 지닌 사람이 박종현 시인이다.
 파도는 끊임없이 움직인다. 한자리에 가만히 있는 물은 파도를 만들어 내지 못한다.
 파도에 잘못 휩쓸리면 순식간에 목숨을 잃을 수도 있다. 그러나 파도를 잘 타면 그보다 아름다운 스포츠는 없으리만큼 아름다움이 연출되기도 한다.
 파도의 그 움직임 속에서 우리는 바다가 살아 있음을 확인하고 강렬한 생명력을 느끼게 된다. 파도는 살아 있을 뿐 아니라 끈질기다. 포기하지 않는다. 끊임없이 밀려 나온다.
 박종현 시인은 흰빛과 파도를 노래하여 어린이들이 순결한 마음과 굽히지 않는 생명력을 지니고 힘차게 살아가기를 바라는 시를 많이 쓰고 있다.

  푸른 바다를 건너서
  하얀 파도를 넘어서
  온 누리 밝혀 오는

눈부신 해야.
해야, 새로 솟아라.
밝은 소망을 안고서
해야, 맑은 해야, 솟아라.

-「해에게」 일부

　잠든 바다를 깨워서 하얀 파도를 일으키고, 하얀 파도를 넘어서 밝은 소망을 안고서 "해야 솟아라" 하고 시인은 소리친다.
　"해야, 솟아라" "바람아, 달려라" "새야, 날아라" 마치 주문을 외우는 것도 같고, 기도문 같기도 한 이런 시편들을 통하여 시인은 그의 소망, 그의 이상을 보다 강렬하게 나타내고 있다.

　박종현 시인은 아침의 시, 푸른 하늘의 시, 흰 파도의 시를 통해서 그가 구현하려고 하는 이상이 무엇인가를 보여 주었다.

파란 하늘에서
하얀 날개를 달고
구름으로 흐르고,

초록 바다에서
하얀 날개를 펴고
파도로 넘치고,

-「하얀 새」 중에서

　그러다가 「하얀 새」에 이르면 이미 밝은 태양이 부서지는 파란 하늘, 초록 바다, 푸른 풀밭 위를 하얀 날개를 달고 마음껏 날고 있는 시인 박종현을 만나게도 된다.

• 『아침을 위하여』「발문」, 1987년

6. 밝음과 희망을 지향하는 시
-박종현 시인의 인간과 시

오순택 시인·동시인

1.

시는 때로는 조용히, 때로는 소리 내어 읽어야 시의 맛이 난다. 그런가 하면 시는 마음속으로 읽어야 더욱 시의 맛을 느낄 수 있다고 한다.

그러나 가장 중요한 것은 그 시인을 알고 읽는 시, 그 시인의 시법을 알고 시를 읽으면 시의 내면의 깊이를 정확히 들여다볼 수 있어 좋다.

시는 한 자 한 구절을 주의를 기울여 읽었을 때 큰 기쁨을 얻는다.

어린이가 저녁에 혼자서 길을 가는 것과 어른과 함께 가는 것, 아름다운 자연을 벗하며 걷는 것과 도시의 뒷골목을 가는 것을 우리는 어떻게 받아들여야 하는가? 어린이와 함께 가는 사람, 그는 누구인가?

2.

박종현 시인은 오늘도 어린이를 위해 시를 쓰고 있다. 그가 시를 쓰는 것은 그에게 주어진 임무이다.

그는 매주 토요일이면 산을 오른다. 산이 거기 있으니까 오르는 것이 아니라 산의 마음속으로 들어가고자 한다.

시를 쓰는 것 또한 산을 오르는 것과 마찬가지다. 어린이가 있으니까 시를 쓰는 것이 아니라 어린이의 마음속으로 들어가고자 시를 쓴다.

산과 이야기하고 돌아와 쓴 시는 어린이의 마음속에 진한 감동을 준다.

박종현 시인이 산을 오르고 시를 쓰는 것 못지않게 사랑하는 일은 ≪아동문예≫이다.

≪아동문예≫는 1976년 어린이의 달인 5월 1일, 광주에서 태어났다. 순수 아동문학이 자라나기 어려웠던 그 시절, 서울이 아닌 지방에서 순수 아동문학 월간지의 창간을 하였다는 것은 감히 생각할 수도 없었던 일이었다.

그의 열정은 대단했다. 산을 오르듯 그렇게 20여 년 동안 ≪아동문예≫를 키워 왔다. 그 당시로서는 누구도 ≪아동문예≫가 20년, 아니 이렇게 오래까지 나오리라고 생각하지 못했다.

나는 시인 박종현이라는 통 큰 사람을 그를 '통 큰 사람'이라고 말하고 싶다. 오랫동안 곁에서 바라보면서 인생의 넓이와 의미를 재음미할 수 있었다.

문단의 한쪽에서 시를 쓰면서 문득 그를 만나고 싶어졌다. 아동문학의 씨앗을 뿌리기 어려운 현실에서 한 톨 씨앗을 뿌린 사람은 과연 누구인가 알고 싶었다. 그리하여 어느 해든가 광주로 내려가 그를 만났다.

그가 당시의 나를 어떻게 기억하고 있었는지 모르지만 나는 그를 만나고부터 시보다 동시 쪽에 가까이 와 있었다. 솔직하게 말해 그것은 내가 박종현 시인에게서 어떤 확신을 얻을 수 있었기 때문이었다.

그 후 1981년 ≪아동문예≫는 서울의 인사동 네거리에 있는 조그마한 건물 4층으로 자리를 옮겨 앉았다.

≪아동문예≫의 인사동 시절, 좁은 그의 방, 사방에 꽉 차 있는 책갈피에서 풍기는 잉크 냄새도 좋았지만, 스스럼없는 그의 인간애에 더 매력을 느꼈는지 모른다.

박종현 시인의 인사동 시절, 아니 ≪아동문예≫의 인사동 시절은 아름답기도 하고 때로는 조금은 슬픈 이야기를 남기며 그렇게 지나갔다.

그의 아동문학에 대한 큰 뜻이 쉽게 무너져 버리거나 식어 버리지 않을 것이라는 것을 나는 안다. 커다란 쇠붙이가 서서히 달구어지듯 박종현 시인이 우리 아동문학에 남긴 공로는 누구라도 가볍게 이야기하지 못할 것이다.

박종현 시인이 아니었다면 오늘 우리 문단에 순수 아동문학 잡지가 이렇게 견고히 자리 잡고 있기는 어려웠을 것이다.

≪아동문예≫가 있는 한 아동문학가들은 자부심을 가질 것이며 아동문학 또한 많은 사람으로부터 사랑을 받을 것이다.

≪아동문예≫의 인사동 시절, 그 무렵 나는 「눈」을 소재로 한 여러 편의 시를 써서 발표했다.

내가 좋아하는 시인을 「눈」이라는 이미지를 통해 접근한 것이다.

눈이 내리고 있었다.
동백의 입술이

눈에 젖고 있었다.
인사동 네거리에도
그날
함박눈이 내리고 있었다.

전라도 사투리같이
눈은
좀 촌스러운 듯한
그의 어깨를 적셔 주고 있었다.

그의 조그만 방도
눈의 향기에
젖고 있었다.

≪월간문학≫ 1983년 1월호에 발표한 「박종현」이라는 나의 시이다.

어느 눈 오는 겨울, 그의 어깨에 내려앉은 함박눈이 그렇게 아름다울 수가 없었다.

박종현 시인에게선 지금도 촌티가 난다. 촌티가 난다는 것은 그만큼 순수하다는 것이다.

그래서 그는 시인이다. 어린이를 위한 시를 쓰는 시인이다.

≪아동문예≫는 이제 도봉산 산자락에 와서 도봉산과 마주 앉아 있다. ≪아동문예≫의 창문을 열면 도봉산이 믿음직스러운 손을 불쑥 내밀며 반갑게 맞아 준다.

도봉산 산자락으로 옮긴 ≪아동문예≫의 편집실에서 맡은 잉크 냄새는 함박눈의 향기 같기도 하고, 숲속에서 만난 이름

모를 새의 깃털에 붙어 있는 머루 냄새 같기도 하다.

3.

박종현 시인의 긴 시편들에선 그의 체취를 금방 맡을 수 있어서 좋다. 「성지 순례」 「아가들의 동시」 「도시의 땅」 「내 방에는」 「고싸움놀이」 등을 읽으면 그의 냄새를 진하게 맡을 수 있다.

> 연대가 바뀌고 해가 변해도
> 산들은 예처럼 푸르러 있고
> 구름도 예처럼 흘러가는데.
>
> 요즈음 텔레비전은
> 무너진 장벽 위의
> 독일인을 비춰 주고
> 자유의 깃발 든
> 루마니아인을 비춰 준다.
> 　　　　　　　－「내 시는 어디 갔을까」의 일부

「내 시는 어디 갔을까」의 일부이다. 박종현 시인이 얼마나 통이 큰가 하는 것은 이 시를 읽으면 알 수가 있다.
　우리의 텔레비전엔 독일인도 들어 있고 루마니아인들도 들어 있는데, 텔레비전에도 신문에도 시 한 줄 없는 현실을 꼬집는 이 시는 그러나 희망을 안겨 주고 있다.

　흰 눈을 밟고 산을 오르면

> 가슴에서 떠나 버린
> 시를 찾는다.

라는 이 시의 5연에서 그는 어두운 터널을 지나 자유의 깃발이 펄럭이는 광야에 나서게 된다는 것을 예시한다.
  동시인들이 함부로 접근하지 않고 있는 부분까지 그의 시 세계는 거침없이 접근하고 있다.

> 휴전선의 철조망이 걷히면
> 내 시는 돌아올 수 있을까?

하고 의문을 제기하지만 그러나 그 의문은 의문이 아니라 현실로 나타난다는 것을 예감한다. 그것은 이 시의 둘째 연의 "무너진 장벽 위의/ 독일인"과 "자유의 깃발 든/ 루마니아인"에서 이미 예견되었기 때문이다.
  다시 「용산 시외버스터미널에서」라는 시를 보자.

> 고향으로 가는 사람
> 고향으로 오는 사람
> 줄을 잇는 용산 시외버스터미널에서
> 고향 가는 버스를 찾는다.
>
> 돗고리도 아니요
> 몽산포도 아니요
> 안면도도 아니다.

군 소재지도 아니요
면 소재지도 아니요
리 소재지도 아니다.
가로등은 없어도
신작로를 달렸던 범골이다.
밤하늘 별을 보며
논둑길을 걸었던 땅골이다.

정류장 이름은 없어도
새들은 날아서 가고
표는 팔지 않아도
구름은 흘러서 가는 곳.

- 「용산 시외버스터미널에서」 일부

「용산 시외버스터미널에서」 우리들이 지금 가려고 하는 그곳은 어디인가? 돗고리도 아니요 몽산포도 아니다. 밤하늘 별을 쳐다보며 온 가족이 모여 앉아 꿈을 익히던 그런 고향, 새들도 날아서 가고 구름도 흘러서 가는 곳, 그곳은 휴전선 철조망 걷힌 우리 모두의 고향이다.

우리는 지금 그런 희망의 고향으로 가기 위해 용산 시외버스터미널에 모여 있는지도 모른다.

박종현 시인이 지향하는 시의 유토피아는 '밝음'이다. '희망'이다.

일요일마다 도봉산을 오르면서 가장 너그러운 산의 몸짓과 가장 아름다운 산의 눈빛을 사랑하는 박종현 시인, 그는 분명 이 시대의 모럴리스트인지도 모른다.

햇살이 눈부신
동해 바닷가
설레이며
일어서는
아침 해

새롭게 열리는
아침 바닷가
갈매기 날갯짓에
밀려오는
하얀 물결.

싱그런 물빛
넘쳐흐르는
아야진 부두
꽃잎처럼
눈발이 내린다.

새해 아침
가슴에 쌓이는
둥근 해
꽃잎처럼
새 빛이 내린다.

-「동해 아침」 전문

「동해 아침」처럼 우리 모두의 가슴속에 싱그런 물보라가 인다.

● 『도깨비나라의 시』 「발문」, 1993년

7. 시인은 산을 품고, 산은 시인을 품고

오순택 시인·동시인

1.

　박종현 시인은 도봉산 자락 아래서 산다. 창문을 열면 도봉산의 웅장한 자태가 한눈에 들어온다. 박종현 시인은 도봉산이 좋아 인사동에 있던 아동문예 사무실을 도봉산 발가락 끝에 옮겨 놓고 도봉산이 발가락을 꼼지락거리며 깨어날 때마다 시심을 일깨우며 삶의 연륜을 쌓아 가고 있다.
　박종현 시인은 매주 일요일이면 도봉산에 오른다. 아니 오른다기보다 도봉산의 가슴속으로 들어가 도봉산의 숨소리를 듣고 도봉산의 생각들을 하나하나 꺼내 생의 갈피에 새겨 놓는다.

2.

　제4부로 나뉜 박종현 시인의 시집 『도봉산 솔솔』에는 '산을 오르면 산은 가슴을 열어' 준다고 했다. 그렇다. 산이 가슴을 열어 주지 않으면 산에 오르지 않았을 것이다. 그건 무의미하기 때문이다. 제1부 「도봉산」에는 도봉산에 관한 연작시 40편이 실려 있다. 「도봉산 시인」이라는 시에서 "도봉산 속 오솔길에서/ 고향 풀잎을 밟아야/ 그제사 나는 시인이 되지."라고 했다.

시인은 산을 품고 산은 시인을 품고 산다.

높은 봉우리
우뚝 솟아
구름 마주 보는 만장봉.

맨살 몸매
부끄럼 없어서
오늘도 고스란히 구름을 바라본다.

오랜 세월
외롭게 서서
메아리 듣는 만장봉.

넉넉한 가슴
파랗게 젖어서
오늘도 고스란히 메아리 듣고 있다.

― 「도봉산 만장봉」 전문

사람에게만 귀가 있는 것이 아니다. 산에도 귀가 있다. 박종현 시인은 만장봉을 오르며 귀를 여는 방법을 배운다. 귀를 열고 시인이 읊고 있는, 시를 듣고 있는 만장봉과 귀를 열고 만장봉의 파랗게 젖은 가슴속으로 들어가고 있는 시인, 그래서 산은 어머니 품과같이 포근한 것이다.

바람이 불면
산자락에

눈 내리겠네.

눈보다도
더 하얀
꽃 내리겠네.

-「도봉산 벚꽃」 전문

초록색 잎사귀는
덩굴손 모두 펴서
바위를 붙들고 있다.

바람이 불어도
낱낱 잎 모두 모여
바위를 붙잡고 있다.

-「도봉산 초록 잎사귀」 전문

만개한 벚꽃을 보고 있는 시인의 눈은 우주를 담고 있다. 그런가 하면 바위가 바람에 날아가지 않는 것은 초록 잎사귀 때문이라는 것을 도봉산에서 터득한다.

구름은 끝없이 흐르고자 하고
나무는 끝없이 머물고자 한다.

흐르고자 하는 것은 흐르는 대로
머물고자 하는 것은 머무는 대로

그저 가만히 있는 산은

언제나 웃음이 넉넉하다.
　　　　　　　　　　　　　　　　　－「흐르는 대로」 전문

　구름은 흘러가라 하고 나무는 머물러 있으라고 한다. 그렇다. 인생은 구름과 같이 흘러가고 산은 나무와 같이 머무르라고 한다. 그래서 산속에 들면 사람들은 가슴이 넉넉해지는가.

　마음 중에서도/ 가장 너그러운 마음은/ 산의 마음이다.
　　　　　　　　　　　　　　　　　　　　　－「도봉산 마음」

　높은 산 높은 곳에 올라가/ 간절한 기도를 올릴 수 있다면/ 하늘의 소리를 들을 수 있을까?
　　　　　　　　　　　　　　　　　　　　　－「도봉산 그림자」

　단풍잎은/ 단풍잎 넓이만큼/ 하늘을 나누어 받는다.
　　　　　　　　　　　　　　　　　　　　　－「도봉산 단풍잎」

등과 같은 시구들에서 볼 수 있듯 박종현 시인이 도봉산을 바라보는 눈빛은 지극히 맑고 곱기까지 하다.
　산이 어머니 품속처럼 아늑하듯 박종현 시인의 도봉산을 노래한 시는 따뜻하고 정겹다.
　도봉산이 뚜벅뚜벅 걸어와 이 시집 속에서 시인을 품고 있고 취하고 있다.
　이 시집을 우리가 사랑하는 것은 좋은 시와 좋은 사진이 만나 어우러져 있기 때문이다.

3.

　제2부 「체험 솔솔」에는 '북한산'을 비롯한 우리나라 기행 시 14편과 제3부 「세계 솔솔」에는 '러시아' 등 세계여행 시 10편이 시집의 무게를 더해 주고 있다.

　　봄이 오는 날,
　　목련꽃 하얗게 피어나고
　　개나리 노랗게 솟아 나와,
　　꽃의 마음
　　아름답고 싱싱하다.
　　　　　　　　　　　　　－「꽃이 피는 날」 일부

　　시린 겨울에도 꽃샘추위에도
　　홀로 핀 동백꽃
　　푸른 잎에 싸여 향기를 주며
　　군데군데 빨간 꽃이지만,

　　정다운 산을 가듯
　　가까이 가면
　　달려온 동백꽃 보는 날
　　가슴을 열고 있다.
　　　　　　　　　　　　　－「동백꽃 보는 날」 일부

　처음의 시는 수락산을 노래한 시이다. 산은 묵중한 것만은 아니다. 산의 가슴은 목련처럼 보드랍고 포근하다. 그렇기에 박종현 시인은 산을 가슴에 품는다. 산 또한 박종현 시인을 그의 가슴에 품는다.

동백꽃은 겨울에 여수 오동도에서 피기 시작하여 5월경엔 전북 고창 선운사 뒤뜰에서 만개한다. 동백의 빨간 꽃 입술 위에 내려앉은 하이얀 눈, 겨울에도 가슴을 열어 주는 꽃이 동백이다.

이광수 소설 「유정」의 무대인
하얀 파도 햇빛에 일렁이는
호수를 찾아가는데,

얼었던 땅이 진주로 빛나는
성스럽고 풍요로운
호수를 찾아가는데,

- 「호수 이름은?」 일부

이 시를 읽고 있으면 마치 「유정」의 주인공이 된 것 같다. '바이칼'이란 호수 이름을 끝 연에 놓아, 긴장감을 주어 읽히게 하는 시이다. 네 편의 러시아를 노래한 시는 기행 시의 진폭을 넓혀 주고 있다.

「톨스토이 묘소에서」 「레닌 묘소에서」 「빅토리아폭포에서」 「이과수폭포」 「마추픽추」 등 세계 기행 시 모두를 읽고 있으면 어느새 내독자가 세계를 기행하고 있는 착각에 들게 된다.

4.

제4부 「어머니와 아들」에는 어머니와 아들에 관한 시 4편이 실려 있다. 박종현 시인이 기행 시집에 어머니와 아들에 관한

시를 왜 담아 놓았을까? 이 기행 시집을 찬찬히 읽어 가다 보면 그 답이 나온다. 도봉산 기행이 더욱 그렇다.

우리들의 삶 속에 가슴 깊숙이 내재되어 있는 단어, 어머니. 어머니란 말만 들어도 우리의 가슴은 저며 오고 높고 깊게 울림을 준다.

'인생은 기행이다.'라는 것을 박종현 시인이 터득한 것이다.

위암에 걸려 입원하고 있는 아들을 위해 병원비 꼬깃꼬깃 비닐에 싸서 단숨에 달려오신 어머니, 그분은 박종현 시인의 어머니이며 우리의 어머니이다. 박종현 시인이 「어머니와 아들」이란 시를 이 시집 속에 담아 놓은 이유, 그것은 '인생 = 어머니'라는 등식의 성립이다.

5.

인간이 우주를 품으면 별처럼 영원히 빛난다고 한다. 박종현 시인은 얼마 전에 『참 예쁘구나, 할아버지 돋보기안경』이라는 동화 시집과 『체험 솔솔 세계 기행』이라는 기행 문집을 펴냈다.

이번 시집 『도봉산 솔솔』도 새로운 것을 찾는 기행 시집이다. 정신을 밝게 하기 위함인가?

박종현 시인이 세계 여러 나라 여행을 하며 인생의 진폭을 넓히고, 산을 오르며 인생을 바라보는 눈과 마음을 깊고 넓게 가꾸는 것은 삶을 풍요롭게 하고 이웃을 포용하기 위함인가?

박종현 시인은 여행도 그냥 하지 않고 산도 그냥 오르지 않는다. 가슴에, 눈에, 마음에, 세계를 담고 산을 품는다.

• 『도봉산 솔솔』「발문」, 2005년

8. 장단과 가락으로 건너가는 환상 동화
– 환상 동화 네 권의 특징을 중심으로

임신행 동화작가

더러 하늘을 보자. 하늘에는 보이는 것의 한계와 보이지 않는 것의 한계에 환상이라는 호기심의 풍선이 떠 있다.

박종현 작가의 환상 동화 『섬에 온 쌍둥이별』『오솔길의 옹달샘』『꽃구름 아기 구름』『바람이 된 아이들』은 책 제목이 시사하듯이 별, 물, 구름, 바람을 주제로 한 작품들이다.

박종현 작가는 우리말의 특징을 살려 노래하듯 이야기하듯, 입으로 이야기하듯 그려 내고 있다.

환상 동화 네 권의 작품집에 담고 있는 것은 한마디로 '서로 나누고 배려하고 서로를 인정하고 서로 도우는 정신이 깔려 있다.'고 하겠다.

'별' '물' '구름' '바람'을 대상으로 그림, 음악, 조형, 사진, 문학으로 수없이 남겨져 있다. 예술은 시간과, 시각과, 감동과, 철학이 소금에 비빔 되어 이뤄 내고 있다.

네 권의 작품집은 우리의 정체성을 한껏 살려내 융화시키려고 노력한 작업이 돋보인다.

"떴다, 떴다, 우주선, 우리 우주선, 멀리 멀리 날아라! 우리 우주선."

어린이들의 노래를 듣는다.

우리는 남의 땅이지만 힘을 빌려 우주선을 올렸고, 남극에서는 세종기지가 있지 않은가!

우리가 항상 듣고 해 온,

"가장 한국적인 것이 가장 세계적이다."

라는 말이 있다.

박종현 작가의 환상 동화 시리즈는,

첫 번째로 실험 정신이요, 둘째는 모국어의 특징인 말의 가락을 살리는 노력이요, 셋째는 영상 시대에 여유 같은 세계, 하늘 바라보기와 별과 풀과 구름과 바람에 대한 깊은 애정으로 펼친 일이다.

박종현 작가의 네 권의 동화는 획기적인 작업이라고 할 수 있다.

우리말의 장단을 알고 자연과의 친화력을 지닌 작품을 만들었다고 볼 수 있다. 우리 판소리에서 휘몰이와 추임새와 아니리와 신명을 아는 작가다.

박종현 작가는 박종현다워지고자 하는 야심 찬 작가이다. '답다'는 말은 우리의 삶에서 개성을 의미하는 좋은 말이다. 아동문학은 조화로움과 상생에 있다. 조화로운 상생을 그려 내고 메시지로 담으려고 무던히 애쓴 작업이다.

모든 예술은 언제 어디서나 누구와도 이야기한다.

아동문학을 성인문학과 변별력을 든다면 언제 어디서 누구와도 이야기할 수 있는 구연성과 큰 소리로 낭독할 수 있고, 낭송할 수 있다는 것이다. 이로 하여 공감이 가는 감동을 획득해 낸다.

박종현 작가의 『섬에 온 쌍둥이별』 『오솔길의 옹달샘』 『꽃구름 아기 구름』 『바람이 된 아이들』은 우리 동화의 다양성에 기여했고, 낭독의 기쁨을 알게 해 준다. 유아에게 필요한 환상동화에 성공한 것이 분명하다.

  박종현 작가는 상상력과 창의력을 키우는 동화시 여섯 권, 『비 오는 날의 당당한 꼬마』『반짝반짝 돋보기안경』『무지갯빛 참 예쁘구나』『너무나 예쁜 하얀 사슴』『뚝딱 뚝 오두막』『깡충 달리는 아기 토끼』도 은닉해 놓은 메시지들을 찾아 느껴 보는 것도 뜻있는 일이라 여겨진다.

- 『섬에 온 쌍둥이별』 2008년 『오솔길의 옹달샘』 2008년 『꽃구름 아기 구름』 2008년 『바람이 된 아이들』「발문」, 2008년

9. ≪아동문예≫와 종현 오빠, 그리고 나

박옥주 동시인

　순수 아동문학 전문지라는 기치를 세운 ≪아동문예≫는 1976년 5월 1일에 창간되었다. 내가 스무 살 무렵이었는데, 그때만 해도 이 ≪아동문예≫가 내 인생에서 이렇게 큰 줄기를 차지할 줄은 상상도 하지 못했다. 풋풋하던 청춘 시절부터 지금에 이르기까지 50년 동안, 나는 ≪아동문예≫와 희로애락을 같이하며 그 영욕의 세월을 함께 해 왔다. 10남매 중 여덟째였던 내가, 부모나 다름없던 큰오빠 박종현과 함께 ≪아동문예≫ 반세기의 발자취 속에 함께 있었다는 게 정말 자랑스럽다.

　성운의 작은 태양, ≪아동문예≫가 태어난 곳은 광주였다. 마당을 가운데 두고, 디귿자로 네 집이 옹기종기 들어선 허름한 전통 가옥이었는데, 안쪽에 자리하고 있는 주인집을 마주 보고 있는 방 두 칸짜리 전세방이 바로 그곳이다. 당시로서는 안정된 교직을 그만두고 잡지를 만들겠다며 전세방에 쪼그리고 앉아 원고를 붙들고 있는 큰오빠가 퍽 낯설었다.

　그 낯설음은 점차 두려움을 동반하면서 헝클어진 실타래처럼 좀처럼 풀리지 않을 것 같은 막연함과 답답함으로 다가왔다. 순수 문학지를 발행하겠다는 큰오빠의 의지와 열정이 커질수록 곁에 있는 식구들의 부담도 커져 갔다. 이러한 심리적·물질적 부담감은 나에게도 그대로 전이되었다. 큰오빠의 위력에 눌려

얼떨결에 잡지 만드는 일에 합류한 나는, 마치 태양의 중력에 빨려들 듯 어쩔 수 없이 곤고한 나날의 삶을 이어 갈 수밖에 없었다.

매달 발송비가 없어 6~7천 원을 꾸러 다닐 때면 꿈에도 나타났다. 돈 꾸러 갔다가 퇴짜를 맞을 때 느끼는 그 비루함이란…. 참다못해 아버지를 찾아가 하소연하면 그때마다 아버지는 큰오빠를 아버지로 생각하라며 다독여 주셨다. 그렇게 4년여를 광주에서 버티다 1981년 8월경 ≪아동문예≫는 더 큰 우주라 할 서울 인사동으로 탈출을 감행했다. 나는 비로소 태양의 중력에서 이탈하여 광주 전세방의 바쁜 일상에서 벗어났다. 그러나 그것은 잠시 쉬어 가는 페이지에 불과했다. 스물여섯 살 되던 해 늦가을, 큰오빠에게서 연락을 받고 불안한 마음으로 종로로 향했다. 화신백화점 앞, 버스에서 내렸는데 옷깃을 끌어 올려야 할 만큼 바람이 매서웠다. 한기가 느껴졌다. 공평빌딩을 지나 인사동 사거리에 다다르니 동일빌딩이 보였다. ≪아동문예≫ 사무실은 401호였다. 그리고 쭈뼛거림도 잠시, 나는 태양의 중력 속으로 다시금 빨려 들어갔다!

서울도 광주에서와 똑같은 일이 반복되었다. 돈을 빌리러 다니던 비루한 내 모습이 또다시 재현되었다. 하지만 책 속에서나 만나 뵙던 작가들을 직접 만날 수 있었던 점은 당시 내 고단한 삶을 치유할 수 있었던 행운이었다. 그때 처음 작업했던 단행본이 문삼석 시인과 우제길 그림의 연작 동시집 『이슬』이었다. 우주의 신비를 보는 듯한 작품과 그림은 나에게 형언할 수 없을 정도의 희열을 안겨 주었다.

활판으로 제작하던 광주와는 달리 서울 인사동에서는 사진

식자로 조판을 했다. 인화하고 현상해서 대지에 앉히는 작업대지바리을 했다. 습자지를 씌워 교정을 보고, 출력이 안 되는 글자들은 사식 칼로 자음과 모음을 칼질해 '쪽자'를 만들어 따 붙이기도 했다. 큰오빠는 풀칠이 서툴러서 글자를 삐뚤게 붙이기도 하고, 식자에 손자국을 남기도 하여 가끔씩 편집실을 웃음바다로 만들기도 했다. 요판凹版과 난백卵白 필름 교정을 보러 을지로·충무로 골목을 누비고 인쇄물 검수하러 왕십리를 뛰어다니던 그 시절이 새삼 아련하다.

나룻배 같은 신발을 벗어 놓고 들어오던 키다리 선생님!
낮은 천장 때문에 고개를 기역자로 꺾어서 들어오던 선생님!
지방 사투리와 함께 까무잡잡한 얼굴의 정겹던 선생님!
아르바이트를 하다 작가가 되고 출판사를 경영하는 선생님!
손 글씨 가득한 원고 뭉치와 대지臺紙들!
타닥타닥 사진 식자기를 두드리던 소리들!
편집된 대지를 들고 선생님을 뵈러 다니던 나날들!
밤을 새며 일하다 쪽잠 자던 사무실과 맞닿은 내 작은 방!
인사동 사거리 큰오빠처럼 생긴 동일빌딩 4층 401호 ≪아동문예≫의 단면들이 떠오른다.

≪아동문예≫는 잡지 발간 외에도 전국을 돌며 '어린이 청소년 문학 교실'을 개최했고, 원로 작가의 문학비 제막식을 주선하기도 했다. 출신 작가들의 동인지를 제작하여 해마다 출판 합평회를 갖고, 아동문학인 배구대회를 개최하기도 했다.
인사동 사무실은 수많은 작가들이 왕래했고, 그들의 아름다운 작품을 읽으면서 문학의 위대함을 느끼게 되었다. 그러한 일들을 겪으면서 ≪아동문예≫가 우리나라 아동문학 발전에 일조하고 있다는 자부심도 생기게 되었다.

큰오빠 박종현은 도봉구 쌍문동에서 종로구 인사동으로 매일 출퇴근하면서 집 근처에 사무실을 갖고 싶어 했다. 1988년 초겨울 주택을 구입하여 사무실로 활용하게 되었다. 그러던 중에 과중한 업무로 인해 뇌출혈로 쓰러져 서울대병원에서 두개골을 절개하는 대수술을 받게 되었는데, 사지가 묶인 채로 할 일이 태산 같다며 의사들에게 팔다리를 풀어 달라고 큰 소리를 내며 몸부림을 치고 그때마다 뭉턱뭉턱 선명한 멍이 생기던 광경을 잊을 수가 없다. 큰오빠가 병원에 입원해 있는 동안 고맙게도 광주의 손동연 선생님이 올라와 많은 도움을 주었다.

그동안 월간으로 발행되었던 ≪아동문예≫는 경영난으로 1997년 격월간으로 발행 주기를 바꾸었다. 2002년 큰오빠는 또다시 스트레스와 업무 과다로 위암 수술을 받았고, 이후 장폐색과 장협착으로 인한 탈장으로 네 번의 입·퇴원을 반복했다.

2013년 6월이었다. 장협착으로 사무실과 가까운 한일병원에 입원했을 때, 링거 주사를 줄줄이 매단 채 다르륵다르륵 힘겨운 소리를 내며 사위어 가는 몸을 이끌고 느닷없이 사무실에 나타났다. 가쁜 숨을 몰아쉬며 내 이름을 불렀다. 깜짝 놀라 "입원환자가 여기엔 왜 오셨냐?"고 했더니 "옥주야, 나는 죽어도 이곳에서 죽을란다."고 대답했다. 그때 왈칵 쏟아지던 눈물이라니…. 그때 '편집장'이라는 공식 명칭 대신 '박옥주'라는 내 이름을 불러 주던 게 얼마나 좋던지 아직도 뇌리에 생생하다.

≪아동문예≫는 운영난으로 넘어질 듯, 끊어질 듯했지만 오똑

이처럼 일어서 2024년 계간으로 발행되어 통권 466호를 앞두고 있다. 큰오빠의 피나는 몸부림과 아동문학 발전을 위한 굳은 의지와 집념이 있었기에 50주년을 바라보게 된 것이다. ≪아동문예≫는 우리 아동문학이 빈사 상태에 놓여 있을 때 월간으로 아동문학의 중흥을 선도해 온 아동문학 전문 잡지다. 수많은 작가들에게 발표의 장을 활짝 열어 주었을 뿐 아니라, 신인문학상으로 역량 있는 신인들을 다수 배출했고, 각종 문학상을 제정하여 문학열을 고취시켰다. 또한 그동안 배출된 700여 명의 신예 작가들이 각종 문학상을 수상하는 중견 작가로 문단의 역군들이 되어 있다.

큰오빠 박종현은 ≪아동문예≫ 발간과 작품 창작이라는 중노동을 견디지 못하고 숱한 병마에 시달렸다. 1991년 뇌출혈로 쓰러져 머리를 절개하는 대수술과 2001년 위암 수술, 그리고 2004년 중국 방문 중 무려 3일 동안 의식 불명의 위기를 이겨내는 등 그때마다 오뚝이처럼 일어섰다. 이런 이력으로 하여 한때 '기적의 사나이'라는 별칭으로 불리기도 했으나 그를 일어서게 만든 힘은 불철주야 ≪아동문예≫를 발행해야겠다는 소명의식 때문이었다. 박종현은 곧 ≪아동문예≫라는 등식이 성립될 수 있는 이유라 하겠다.

온몸을 던져 외길 인생으로 아동문학 발전에 힘쓴 박종현!
매일 저녁 8시면 어머니에게 안부 전화를 드리던 효자 박종현!
잡지 발행만이 존재 이유였던 박종현!
≪아동문예≫만이 호흡하며 살아갈 수 있는 유일한 희망의 끈이라던 박종현!

열정과 혼이 깃든 곳이 ≪아동문예≫라고 말하던 박종현!
대한민국을 넘어 세계 아동문학사에 길이 남을 멋진 잡지가 될 거라고 말하던 박종현!
누구에게라도 '귀하!'라고, 존경의 의미를 담아 말하던 박종현!

2020년 3월 14일 코로나가 한창이던 때 자택에서 주무시듯 영면한 박종현이 뿌린 씨앗 ≪아동문예≫는 나에게도 마력의 힘이고 내 발자취이고, 힘의 근원이고, 삶의 원동력이었다. 나에게 삶의 원천인 아동문학이라는 우주를 알려 주고, 그 우주 속에 안착할 수 있도록 빛을 보내는 태양, 박종현 오빠! 아버지의 말씀처럼 종현 오빠는 박옥주의 아버지나 마찬가지였다. 그리고 나에게는 태양이었고, 나는 태양계를 벗어나지 않고 돌며 아동문학의 빛을 받아 자랐다. 나에게 자리 잡은 빛 자국들은 문신처럼 사라지지 않는다. 그것은 큰오빠와 ≪아동문예≫라는 태양과 우주가 있어서다.

1976년 5월 1일, 한 그루의 푸르른 사철나무를 심듯 튼튼한 씨앗을 뿌린 ≪아동문예≫! 그 나무가 미구에 사막 전체를 푸르게 할 수 있다는 소명 의식을 갖고 태어나 우리나라 아동문학계는 물론 나에게까지도 굳센 생명력을 불어넣어 준 사실에 어찌 감사하지 않을 수가 있겠는가?

≪아동문예≫는 나에게 있어 우연이 아니고 필연이었다. 지금도 나는 작가들의 아동문학 작품을 읽으며 아름다운 꿈을 꿀 수 있어서 좋다. 푸르른 나무에 등을 기대고 앉아 동심 속으로 빠져드는 내가 한없이 어여쁘고 젊게 느껴지기 때문이다.

• 『문인열전 1』 월간문학출판부, 2003년

3. 당신에게

1. 『빨강 자동차』를 드립니다

『빨강 자동차』를 드립니다.
김○자 선생님과 주고받은 내용의 대화가 선생님께 책을 드리면서 이렇게 글을 쓰게 했다고 생각합니다. '빨간'이냐 '빨강'이냐 하는 것 말입니다.
지은이의 입장에서 몇 가지 말씀드리겠습니다.
동시도 훌륭한 문학 장르 중의 하나입니다. 동시의 언어도 시 예술상의 미학을 생각해야 합니다.
시는 문법이나 말본이 아닙니다.
시어는 시 예술 창조의 도구이지 어학으로는 해결하지 못하고 이해하기도 어렵습니다.
마해송 동화집에 『앙그리께』가 있습니다. 『앙그리께』는 문법이나 말본으로는 설명하지 못합니다.
「빨간 구두 아가씨」의 유행 가요나 「빨간 마후라」의 의미로는 해석하기 곤란하다는 것입니다.
또 『날아간 빨간 풍선』이라는 동화집도 있습니다.
시 언어는 미학을 생각해야 합니다. '빨강'과 '빨간'은 미적 감정으로는 '빨강'이 우세합니다.
시의 언어는 음악적 리듬을 강조하게 합니다.
'빨강'과 '빨간'은 '빨강'이 음악적이고 리듬을 더 많이 강조하고 표출한다고 생각했습니다.
시의 언어는 이미지의 표현에 있어서 독자에게 빠른 감동과 이미지의 강렬한 내용을 제공해 주어야 한다고 생각합니다.

'빨강'과 '빨간'은 '빨강'이 장난감 빨간색 자동차의 이미지를 제공하고 그 이미지의 감동을 독자에게 주는 데 정확합니다.

시의 언어는 시각적으로도 민감하게 읽을 수 있고 볼 수 있는 언어를 선택하게 됩니다.

'빨강과 '빨간' 중에서는 '빨강'이 시각적이고 빨리 볼 수 있고 느낄 수 있다고 생각했습니다.

시인의 사명은 언어를 아름답게 가꾸기 위해서 새로운 어법을 창조하고 새로운 언어를 구사할 수 있는 것입니다.

일반적인 의미로 해서는 '빨간'이 정확할 수도 있겠지만 시적인 의미로 해서는 '빨강'이 정확하다는 나의 결론이 잘못이었나 모릅니다.

김 선생님께도 말씀 전해 주시고 앞으로도 많이 도와주시기를 바랍니다.

건방진 나의 얘기에 불쾌하시리라 느낍니다만, 앞으로 차 한잔 내기로 하고 양해를 부탁합니다.

65. 7. 11. 동교 박종현 서

2. 내적인 충실

　가끔은 외적인 충실과 내적인 충실을 생각할 수 있을 때 나는 외면에만 무척 충실하였고 내면에는 너무나 등한하였음을 압니다.
　요즈음 그것이 무척이나 싫어 내면을 좀 더 다양하게 가꾸려고 생각하였습니다.
　사실은 요즈음 밤 2시간은 나에게는 상당히 많은 분량과 질량의 값을 지니기도 하였지만 극장 안에서 나는 생각할 시간을 고스란히 얻은 것은 역시 혼자였기 때문입니다.
　모든 나의 해결은 나 자신뿐이라는 것이 앞으로의 나의 생활에 얼마쯤 도움이 있을지 모르겠습니다. 그러나 나는 극장 안에서 스스로에게 무척 겸손해지고 자신감의 경솔을 뉘우치고 있었기도 합니다.
　일반 사회인과의 교제에서 일어나는 지나친 통속이 내 몸에도 배어 있음을 깨달았습니다.
　이제는 그런 것을 깨끗이 털어 버리고 다시 내 내부의 그 안으로 가야 되겠습니다.
　우선 다시 소설을 써야겠습니다. 그리고 외부와 내부를 똑같이 충실하게 하여야 하겠습니다.
　나의 내면의 충실은 뜻 맞는 분을 건실하고 아름답게 사귀는 것임을 알려 드립니다. 금요일 오후 8시에 ≪현대문학≫ 11월호와 선생님의 책을 들고 찾아갈 것입니다.

한국의 초등 교육계의 국어교육연구회와 아동문학 서클에서는 항상 나의 얘기가 대두되고 있다는 것을 알았습니다. 교직과 나는 앞으로 얼마나 더 친해야 될지 무척 궁금합니다. 이미 넓은 땅으로 헤엄쳐 나갈 기회는 왔는데 나는 망설이고 있습니다.

내면과 충실하지 못하기 때문입니다. 하지만 이제 내면과 외면의 모두에서 충실함에 다시 기회를 만들고 찾을 것입니다.

65. 10. 19. 종현 글

3. 가장 길고 오랠 나의 감정의 백서
- 65. 11. 2. 화요일, 여수동교 도서관에서

우리는 자기 자신의 감정을 솔직하게 표현할 때 흔히들 교양이 없다거나 비신사적이라는 칭호를 받을 수가 있습니다. 그런데도 지금 나의 Pen은 나 자신의 감정과 행동을 솔직하게 털어놓고 선생님의 동의를 구하고자 하오니 어쩌면 교양이 없거나 비신사적인지 모르겠습니다.

물론 선생님의 의사는 충분히 선생님의 자의여야 하고 나 자신도 나의 행동은 자의여야 합니다.

조금 더 세밀하게 얘기를 시작하자면 나는 조금은 내향적 성격인 A형입니다.

이러한 내향적 A형이 솔직한 감정을 표현하자면 그만한 신념과 자신과 양심을 소유하는 걸 필요로 함을 알고 있습니다. 지금 나의 모든 양심은 여기에 집중되고 있으며 나의 모든 희망도 여기에 걸고 있습니다. 1965년에 선생님과 결혼하고 싶다는 것입니다.

그리고 1966년에는 선생님과 함께 광주로 가서 전남 교육사회의 주도권을 잡고 2부 대학이라도 다니고 싶다는 솔직한 고백입니다. 나의 결혼은 달콤한 생활을 의미하는 것은 아닙니다.

오직 내일을 향한 발전을 모색하는 기대일 뿐입니다. 분명히 말해서 선생님의 인생을 나에게 일임할 수 있는 각오가 필요합니다. 아직 나는 선생님의 아무것도 모른다고 할 수 있습니다.

마찬가지로 선생님은 나에 대해서 물론 아는 것이 없으리라고 생각하는데 나는 왜 이렇게 말하고 있는지 모르겠습니다. 그러나 조금은 압니다. 사회적 배경이나 집안의 위치는 그래도 전남에서는 손으로 꼽을 수 있습니다. 나의 손길이 전남의 각 곳에 머물고 있기도 합니다. 단 하나 부족한 것이 있습니다. 지독한 가난입니다. 확실히 이것은 누구보다도 가장 부족합니다.

그 외 모든 위치는 나 자신이 생각하고 그렇게 손상될 것은 아무것도 없습니다. 그러나 이 가난쯤은 아무 때라도 해결하고 싶을 때는 해결할 수 있는 환경이고 위치이기도 합니다.

그러나 현재론 지독한 가난을 생활하고 있습니다. 나의 역량으로만 여수 사회에서 가장 화려한 식을 올리지는 못한다고 할지라도 어느 정도 멋지고 유명한 결혼식을 가질 수 있습니다.

또한 가장 간소하며 실리적으로 할 수도 있습니다. 나의 역량을 내가 평가하고 믿어 봅니다.

원고를 가지고 갑니다밤에. 11월 말일까지는 몇 가지 원고 때문에 바쁩니다.

만약 선생님이 나의 의사에 동의할 수 없다면 이유는 하나라도 필요하지 않습니다.

11월 10일까지 내가 가져간 원고와 ≪현대문학≫을 소포로 보내 주시면 됩니다.

10일까지 원고와 ≪현대문학≫이 나에게 도착하지 않으면 선생님은 나의 의사에 동의하신 거로 생각하고 행동하겠습니다. 나는 못난 습성이 있습니다. 아무리 나에게 이로운 일이라 할지라도 똑같은 감정을 두 번 이야기하지는 않습니다. 학생 시절에는 여행족이었습니다.

그때부터 나는 희망과 용기만을 항상 키우며 살았습니다.

창작의 주인공 '현'은 나일 수 있습니다. 그러나 '정아'는 완전한 허구입니다.

그리고 믿어 주십시오. 남성은 모두가 불신할 족속으로 된 것은 아닙니다. 현명한 남성은 자기가 아내를 완전히 행복하게 할 자신과 위치에 이르기 전에는 결혼하려고 하지 않습니다.

아내의 행복은 바로 자기 자신의 행복이라고 생각하고 아내를 사랑하는 것은 자기 자신을 사랑하는 그것으로 생각하는 남성은 얼마든지 있습니다. 사실 지금 이 얘기가 얼마나 많은 무리를 내포하고 일방적인 생각의 나열이라는 것도 알고 있습니다. 인간에게는 기회를 포착하는 데에 예리한 판단이 있어야 합니다. 선생님은 모르지만, 나에게는 여수에서 결혼은 올해가 최적의 해요.

선생님을 발견한 것은 최고의 기회라 생각한 것입니다. 11월 10일까지 선생님의 별다른 연락이 없다면 나는 12월에 결혼할 준비를 할 것입니다. 11월 14일 일요일에는 선생님과 어느 산사라도 찾아가 온종일 얘기라도 나누고 싶습니다. 또한 동의하지 않는다고 해서 나는 조금도 슬퍼하거나 선생님에 대한 다른 생각하지는 않을 것입니다. 자기의 인생은 자기 자신이 충실하게 해결하여야 하기 때문입니다. 그리고도 부족한 것이 많습니다. 그 많은 부족함을 선생님의 도움으로 해결할 생각은 조금도 없습니다. 아직 여수에 와 살면서 여성이 사는 집에 찾아간 것은 선생님이 처음입니다. 더군다나 여성의 방에 들어가 앉아서 이야기를 나눈 것은 선생님뿐이고 여수에서는 앞으로 없을 것입니다. 5년 전에 원하지는 않았지만, 여성을 잘못 사귄 일은 한 번 있습니다.

선생님에 잘못된 후회감을 느낀 것은 그것 하나뿐입니다. 지금은 까마득히 생각지도 않은 일입니다만. "바쁘면 돌아가라"라는 속담이 있습니다. 나는 분명히 지금 알고 있습니다. 너무나 직진이요 성급하다는 것을 알고 있습니다. 선생님이 나에 대하여 더 알고 싶은 기회를 원하신다면 자료를 드릴 것이요, 나의 모두 전부를 자세히 이야기해 드리고 싶습니다. 조금도 숨김없이.

자기 스스로가 자신에 대하여 가장 잘 알고 있기 때문입니다. 선생님을 선택한 많은 이유가 있습니다. 그리고 이제 많은 여성을 잃고 있다는 것을 압니다. 또한 다짐할 일이기도 합니다.

문학을 한다는 사람은 그럴듯하게 편지를 잘 쓴다는 얘기를 듣습니다. 나도 그렇게 생각하고 있고 그것은 사실입니다. 그러나 그것은 문학하는 사람이 그만큼 인간적으로 충실하고 성숙한 발전 속에서 살고 있다는 결과라고 생각합니다. 따라서 그것은 문학하는 사람의 조금은 결점이 될 수는 없는 것일지도 모르겠습니다. 도와주십시오. 그리고 믿어 주십시오. 그리고는 행동입니다.

1965. 11. 2. 박종현 드림

4. 풀리지 않는 질문들

한! 나의 한은 무엇일까요? 그리고 아버님은? 어머님은? 완님은? 한? 나의 한은 과연 무엇인가?

원!

인간 모두의 원은 어떤 것일까? 끝없는 바람은 과연 언제로 충족되지 못할까?

애!

너무나 오래도록 스스로를 학대하고 있었다. 그 쉬운 많은 사랑 비슷한 감정들을 나는 뿌리치며 울고 왔었다.

콤플렉스!

젖이 안 나올 때 아기에게 젖을 물리는 어머니는 아기에게 콤플렉스일까?

구차한 살림을 맡기고 아내를 보는 그들은 모두 콤플렉스 병원의 환자일 것인가?

문학!

할 수 있을까? 없을까? 할 것인가? 안 할 것인가? 필요는? 불필요는?

문학을 개똥철학이라고 진리일 수 있을까? 상반된 사상의 대립에서 내가 지자!

아직은 못할 것이다.

사업!

날을 잡지 안 하면 내가 망하는 일! 아직은 잡을 수 없는 허접스러운 껍데기여!

우정!

이제부터 배신당하는구나! 한 돌부리에 두 번 발을 차이는 것은 바보다.

술!

2일에도 3일에도 여태껏 pen-pal을 쓰지 못하고 4일 0시 50분에 이렇게 pen을 잡게 한다.

돈!

날마다 쓰고 있다. 어제도, 오늘도, 그리고 내일도! 나 혼자라면 벌지 않을 것이다. 분명.

직위!

모두 다 만난다. 이사도 국장도 과장도!

나!

하나! 울 수밖에 없는 일. 또다시 생존되지 못하고 복수기 아니기에 또 울 수밖에 없는 일!

중국집!

같은 짜장면도 한국인의 짜장면을 먹지 않기에 충성하는 이유는 슬프다.

거울!

의지! 그리고 욕망! 길이 보인다.

바보!

나!

휴머니즘!

나의 지위

짓밟을 수도 있었다. 정말 많이 있었다. 복수하고 싶었다. 간섭하고 싶었다. 아직은 결혼하기도 싫다. 사랑하기도 싫다. 오직 울고 싶어질 뿐이다. 사랑하고 싶다. 정말 그리하여 결혼하고 싶다.

하지만 우선 이기고 싶다. 누구에게도 지기 싫다. 오직 죽고 싶다.

아무도 완전히 사랑해 본 적이 없다. 누구도 완전히 사랑할 수 없었다.

나 자신도 사랑할 수가 없다. 그러나 아직은 후회한 적이 없다. 아직은 거울 앞에 앉았기 때문이다.

1966. 10. 9. 0시 59분 현

5. 현재의 감정

   집에 돌아와 생각을 정리하여 나의 현재의 모든 감정을 이야기해 드리고 싶어 붓을 들었습니다.
   사랑해 주십시오.
   어떠한 잘못을 범하는 경우라도 어떠한 곤경에 처해서 허덕이더라도, 내가 당신을 떠나서 마음이 먼 곳에 있더라도, 내가 당신을 사랑하지 않는 순간일지라도, 내 생명이 살아서 움직이는 한, 내가 다른 여성과 결혼하지 않는 한, 사랑해 주십시오 아낌없는 정으로 정말 사랑해 주십시오. 오래도록 당신의 모든 힘을 다 합쳐 사랑해 주십시오.
   결혼해 주십시오. 결혼식장에서 어떤 여성이 나타나 난동을 부리더라도 나의 수많은 동생들이 당신에게 커다란 무거운 짐으로 나타나더라도, 당신의 아버님이나 가족이 맹렬히 반대하는 일이 있더라도, 두 사람이 기어들 방 한 칸을 준비하지 못하더라도, 꼭 결혼해 주십시오. 당신 말고 누가 이런 복잡한 무게를 알아줄 리 있겠습니까? 가능한 한 빨리 결혼해 주십시오.
   그리하여 당신은 이 세상 수많은 여성 중에서 오직 당신만을 열성껏 사랑하게 하십시오.
   그리하여 나는 당신과 결혼하여 날마다 많은 웃음을 만들고, 날마다 많은 기쁨을 창조하며 오직 하나뿐인 나의 분신, 당신을 돕게 하십시오. 그리고 내가 당신의 지팡이가 되고 당신의 안내자가 되고 당신의 인생을 복되고 아름답게 이끌어 주고 지극히

도와주는 당신의 구세주이고 신이게 하십시오. 그리하여 당신은 나로 하여 믿음을 갖고 기쁨을 얻어 완전한 안정과 조용한 행복을 누리며 이단 아닌 생활을 영위토록 해 주십시오. 그리하여 서로를 사랑하고 힘껏 도우며 성실하게 꿈을 키우며 인생을 느끼며 서로 간에 완전한 결합이 되도록 하십시오.

당신은 바보처럼 위대합니다. 당신은 보살처럼 인자합니다. 그것이 불만이어서 여러 차례 보살을 밀어뜨리려 했지만, 헛수고였습니다. 인자한 보살을 밀어뜨리려는 나는 무엇입니까?

잠깐의 자만의 발로였습니다. 보살이 너무나 생각해 주니 나는 생각해 주어도, 보살에게는 보람이 없을 것 같고 하니 아등바등 너무나 좋아서 어리광을 피우는 것이었습니다.

당신을 당신이라 합니다. 그리고 나의 일부라고 나의 육신이 당신이요, 바로 당신의 정신이 나의 정신입니다. 이 세상을 두 사람이 힘을 합하여 완전한 무장을 갖추고 이미 행진은 늦었지만, 씩씩한 군가를 부르며 행진해 보렵니다. 당신은 바로 나입니다. 바로 나인 당신에게 당신의 당신인 내가 붓을 들었다가 이제 놓습니다.

1967. 6. 7. 11시 50분

6. 자신에게 던지는 질문

우리에게 가장 중요한 것은 무엇입니까? 과거와 현재와 미래에서 우리들의 과거의 계보는 어떻게 되어 있어야 가장 올바릅니까?
우리들의 현재의 생활은 어떻게 성숙되어야 가장 올바릅니까?
우리들의 미래의 보람은 어떻게 창조하여야 가장 올바릅니까?
여성의 순종성이 미덕은 아닙니다. 여성의 활달성이 현실화는 아닙니다. 사회를 이해, 참여하고 가정을 키우고 지키는 형이 현재를 가장 올바르게 아는 것이라면, 琬, 당신은 사랑에 노예나 투정하고 떼쓰는 아기가 되기 이전에 질투나 허영의 여자이기 이전에 우선 인간적으로 성숙할 수 있는 방향을 찾아야 할 것 같습니다.

나는 지금 이 시간이 무엇입니까?

무엇에 이렇게 날마다 쫓기고 가벼운 불안 속에서 지내는 것입니까?

과연 나는 무엇을 갈구하고 무엇을 창조하고 어떻게 생활해야 하는 것입니까?

나는 결국 무엇이 되고자 하며 무엇으로 끝나기를 원하는 것입니까?

생활에 싸여 생활 안에서 생활만을 영원히 헤엄치고 있어야 하거나, 헤엄쳐야만 한다면 나의 존재는 무엇이며 왜 존재해야만 합니까?

나의 과거는 무엇입니까? 또한 현재는 어떻습니까? 그리고 미래는 어떻게 점쳐질 것입니까?

늘 살이 빠지고, 늘 괴롭기만 합니다. 누구도 나의 눈물을 모릅니다. 누구도 나의 가슴안에 앉을 수는 없습니다. 그러면 나는 당신을 사랑합니까?

그러면 당신은 나를 사랑합니까?

다시 진흙 바다를 기어 보거나, 다시 진눈깨비 흩어지는 산길을 걷거나, 다시 고통이 되고 싶습니다.

나는 왜 지금껏 지고만 있습니까?

당신은 나의 힘입니까? 당신은 나의 짐입니까?

늘 나의 이 엄청난 심란한 마음을 당신은 어떻게 생각합니까?

1967. 9. 1. 朴 鐘 炫

7. 아직 잊어버린 것은 아닙니다

　아직 잊어버린 것은 아닙니다. 나의 꿈을 기다리고 있는 것입니다. 아직 포기한 것도 물론 아닙니다. 지금도 늘 생각하고 있는 도중입니다. 결혼 1주년 기념일에 당신을 울리고 싶은 것은 참으로 아니었습니다. 결혼 때부터 적어도 1주년 기념일에는 당신의 반지와 나의 반지를 만들고, 잊었던 그 반지를 다시 찾는 마음으로 만들고 싶었습니다. 그러나 뜻하지 않은 일들이 자꾸 생기고 요즈음 안정된 나의 정신이 아니었으므로 시일을 연장하고 있는 것뿐입니다.
　그 시일이 빠르지 못하더라도 내 생각은 말하지 않았어도 항상 당신의 생각과 늘 같았습니다.
　그리하여 당신을 울었고 나는 이 시간 나의 조용한 생각을 찾아서 광주를 떠나 순천에서 밤을 새우고 있습니다. 오늘도 광주로 갈 수도 있었고, 여수에 있을 수도 있었지만, 나만의 조그마한 시간을 위해 이곳에 와 있는 것이지만 나의 시간은 당신의 것이기도 합니다.
　종완,
　결혼 1주년이 되기까지 말 못 한 당신의 얘기들은 다소는 알 수도 있습니다.
　비좁은 방에 농을 놓아두고 동생들과 함께 숙식을 같이하고 또한 서산국민학교에 오랜 시일을 합승으로 통근하고 다시 무거운 몸으로 동산초등학교 머나먼 길을 걸어 다니고, 말은 못 했지만, 당신에게 죄를 많이 지었습니다. 처녀 시대의 그 푸른 꿈들을 뒤로 잡아 두고 뿌리 없는 한 사나이를 지탱시켜 주고 밑 없는 항아리에 늘 물을 부어 주었습니다. 항아리에 물은 채워지지 못하고 지금도 빈 항아리입니다. 원래부터 나의 가직은 그러했으므로 당연한 일일지도 모릅니다.

그리하여 당신은 1주년 기념일에 울었습니다.

종완,

그리고 그날 나는 당신 앞에서 약속 어음을 썼고 사무장의 추태를 당신 앞에 보였습니다.

그러나 나는 점점 굳어진 바위로 성장하고 있습니다. '닉슨'처럼 칠전팔기는 못하더라도 삼전사기는 할 수 있을 것입니다.

어느 날 어느 환경에도 넘어지지 않고 일어설 용기와 자부심과 그리고 긍지를 잃지 않고 있습니다. 약속합니다. 생활이나 사회적 활동에 낯부끄럽지 않게 될 것을 이 밤 당신에게 정중한 자세와 마음으로 약속드립니다.

종완,

결혼 1주년 기념일에 당신의 눈물 앞에서 나는 굳어진 바위가 되고 있었습니다.

더욱 굳세게 더욱 힘차게 당신을 위해서 노력할 것을 생각하고 나의 자세를 더욱 튼튼히 더욱 무겁게 하기로 했습니다. 가난한 집, 그리고 수많은 동생, 그 많은 짐을 당신에게 지도록 하고 날마다의 여러 가지로 심성이 날카로울 때를 느끼면서 말은 안 했습니다.

사실 그랬습니다. 집안일과 동생들 아니었다면 우리는 그동안 조금은 힘도 풀리고 땅이라도 샀을 것입니다. 그러나 현재의 나의 집안과 동생들의 성장을 눈감고 있을 수는 없었습니다.

　설령 당신을 괴롭히며 당신을 울리며 언젠가는 내가 쓰러지는 한이 있더라도, 그것은 나의 의무와 권리와 운명입니다. 그러나 그 일이 땅을 샀고 돈을 얼마쯤 예금해 둔 것보다는 언제쯤은 더욱 빛을 발할 기회가 있으리라 생각도 됩니다.

　지금 당장은 아니라도 조금씩 조금씩 해결이 나고 있지 않습니까?

　종완,

　그동안 펜을 놓았고, 생각을 접어 두고 생활은 했지만, 모든 것을 버린 것은 아니었습니다.

　앞으로 더 펜이 살아나고 생각이 살아날 것입니다. 나와 당신은 일상의 얘기는 많아도 그 깊은 곳은 생각만 하고 말하지 않는 성격입니다.

　내일은 여수에서 잠을 잘 것 같습니다. 모레도 여수에 있을 것 같습니다. 집안일도 의논해야 하고, 여수의 거리도 거닐어 보면서 다시 당신에 대한 많은 생각들을 하겠습니다.

　결혼 1주년을 반성해 보고 앞으로도 길을 연구해 보고, 남의 생활도 생각해 보고, 남의 직업도 생각해 보며 나와 비교해 보렵니다.

　오늘은 옥과, 곡성, 구례, 순천을 다녔습니다. 내일은 순천과 광양을 보고 밤에 여수에 가려고 합니다.

　빗방울이 떨어지고 있어 내일 개지 않으면 다소 활동에 지장을 느낄지도 모르겠습니다.

　종완,

　11시 10분입니다. 당신은 나 없을 때 자신을 너무나 생각하지 않는 것 같은데 잠도 푹 자고 먹고 싶은 것도 마음대로 사서 먹도록 했으면 참으로 나의 마음이 가볍고 유쾌하겠습니다.
　종완,
　힘이 없고 능력이 부족하겠지만 나를 의지해 주십시오. 그리고 나의 행동이나 마음을 완전히 당신의 것으로 믿어 주십시오. 내가 엉뚱한 말을 했어도 나의 행동이나 생활을 찬찬히 생각해 보면 당신은 나를 완전히 믿어도 마땅합니다. 그리하여 앞으로 즐겁게 우리 아기를 기르고, 우리의 집을 사서 우리의 뜨락에 잔디와 꽃을 가꾸고 호수를 파고 분수를 놓읍시다.
　옛날 같으면 지금 내가 울고 있었을 것입니다. 그러나 지금의 나는 눈물 같은 것, 조금 언짢은 것은 딛고 용감히 일어서려 합니다.
　종완,
　우리의 역사도 4년이 되나 봅니다. 그동안 우리는 서로 불신하지 않았고, 너무나 기대하지도 않았으며, 올바르게 오늘까지 이르렀다고 생각해 주십시오. 그리고 오늘 밤 당신에게 이렇게 조용한 마음으로 글을 쓰는 내 모습을 그려 보신다면 우리들의 처지도 참 많이도 행복하다고 자부할 수 있겠습니다.
　종완,
　당신이 앞으로 울고 싶을 때 나를 때려 주시고 차라리 욕해 주시고 나보다 울어 달라고 하십시오. 당신의 몸속에서 꿈틀꿈틀 움직이는 우리 아기를 빨리 보고 싶습니다.
　정말 당신의 배를 만지면서 신비스러움과 경건한 마음이 되곤 합니다.
　신이 계신다면 나의 마음을 당신에게 전달해 주겠지만 그런

애기 차마 아직은 안 했습니다.

정말 당신의 몸속의 우리 아기를 빨리 보고 싶습니다. 평안히 주무십시오.

그리고 앞으로 발전하는 종현이를 보아주십시오.

1968. 12. 11. 밤 11시   종현

8. 영원히 잊지 말자고 다짐하는 날

　1970년 6월 6일 밤 전남의대 부속병원의 9병동 312호실 영원히 잊지 말자고 다짐을 하는 날…. 당신이 수술대 위에 누워 있었을 때, 온몸을 드러낸 채 사지를 묶어 놓았을 때, 마취의 마스크를 씌우기 전, 큰 숨을 몰아쉬며 누군가 찾고 있는 당신, 그러나 끝내 화학 약품에 의식을 잃고 수많은 손이 당신의 배 위에서 헤엄을 치려고 할 때, 나는 절대 울지는 않았습니다.
　오직 천 갈래, 만 갈래 산들이 허물어지고 둔탁한 나의 머리가 현기증을 못 이겨 숨도 제대로 못 쉰 채 밖으로 나와 눈물을 닦았을 뿐입니다.
　오랜 가난한 생활을 굳건히 딛고 학교를 나와 사회에서 조그마한 경륜 후 우리는 만났습니다.
　결혼 전 수삼 년 동안 서로 간에 믿고 있으면서 말이 많지 않았던 당신과 나, 부산 송도에서 인천 송도, 아담에서도 우리는 서로 함께 있었을 때 그럴 때도 우리는 떠들지 않았고 서로들 깊은 내면에서 믿고 있었습니다.
　둘의 힘만으로 부모님을 모시고 남보다 뒤지지 않는 결혼식을 올렸고, 그날 1967년 12월 30일 12시 광주관광호텔에서 미래를 위한 합창을 했고, 그리고도 우리의 힘으로 부모님의 생활을 도왔고, 그리고도 우리의 힘으로 동생들을 가르치며 미래의 설계를 쌓고 있는 시간에, 모든 일들이 차근차근 뜻대로 이루어지는 시간에….

1968년 12월 30일 8시 인한이를 낳고, 1970년 5월 28일 10시 정한이를 낳고 주위의 축복을 받으며 기쁨이 충만할 때, 정한 출산의 후유증이 6월 1일 9시경 이곳에 오게 했습니다.

그러나 우리는 걱정 없이 완쾌를 웃으며 6월 6일 바로 오늘 퇴원을 계획했습니다.

긴 시간의 오랜 고통을 당신은 이겨내고, 수술이 끝나고 이곳에 내 옆의 침대에 누워 있습니다.

아픔의 고통 때문에 신음하시는 당신 "아이고 배야"를 늘 말하는 당신 옆에서 여태껏 참아 왔던 모든 서러움이 복받쳐 나도 울었습니다.

당신을 보고 있는 나의 눈에서 복받치는 눈물이 그냥 쏟아졌습니다. 사실 나는 인한, 정한이가 있으므로 이 이상 아이를 갖고 싶지는 않았습니다. 그러나 마냥 당신은 딸 하나 있었으면 하는 생각도 있었습니다. 그러나 참으로 사랑하는 당신, 당신이 참으로 나를 사랑하고 있어서 나를 따랐다고 생각해 주시기를 바랍니다. 앞으로 인한, 정한을 잘 기르면서 우리의 굳건한 미래를 만들고 싶습니다.

그리고 당신과 나, 오늘을 계기로 해서 아무러한 어려운 일도 서로 힘을 합하여 딛고 일어서고, 굳게 올바르게 노력하는 부부가 되고, 곤란한 일도 서로 이해하며 서로 돕고, '깊게' '넓게' '옳게' 사랑하는 부부가 되어야겠습니다.

현재까지 당신은 나와 우리 가정에 너무나 잘해 주었고, 애써 주었고, 힘써 주었는데도, 나는 사업에 시간을 뺏겼고, 사업 아닌 곳에 시간을 쓰면서 늘 당신 옆에 있지 못했습니다.

내가 통곡했고, 당신이 살을 도려낸 오늘을 기해서 우리 잊지 않고 오직 전진입니다.

　이번에 '신'은 우리에게 '의지'와 '용기'와 '인내'를 주시며, 미래의 생활에 힘찬 '정신적 긍지'를 주시며, 평상의 생활에 항상 '치밀한 두뇌' 작용을 주시며, 어떤 고통에서도 참고 이기는 '강인한 자부'를 주시며, 우리의 결합에 대한 '협동'과 '합심'과 '정도'를 주신 것입니다.

　당신, 이 글을 읽고 놔두고 앞으로 우리 생활 인생의 이정표로 삼고 우리의 아들에게 전해 주는 유산으로 하고자 합니다. '의지'와 '용기'와 '인내' 그리고 - 정신적 긍지 - 치밀한 두뇌 - 강인한 자부 - 를 '협동'과 '합심'과 '정도'와…. 내일 아침 웃음 웃는 얼굴로 당신과 나 손을 잡고 악수합시다. 그리하여 위대한 내일을 창조하는 힘을 만듭시다.

70. 6. 6. 밤

9. 단상 '부부 윤리~가을 산조' 71. 9. 25~10. 12.

1971. 9. 25. 夫婦倫理

　특히 나의 경우는 3년 이상 교제와 사랑 후 완전한 합의로 양가 부모님의 사전 승인을 얻어 결혼한 빈틈없는 모범 부부로서 출발했다. 어느 정도 훌륭한 결혼식을 우리 스스로 했을 때, 경제적인 문제뿐 아니라 모든 준비와 모든 결혼의 터전을 협의하면서 만들었다.
　그 후 우리는 노력했고, 사랑했고, 仁韓, 正韓 형제를 얻어 행복을 누리며 살고 있다.
　오직 흉작 이후 마이너스 가계를 짊어지고 있으므로 협의 과정에서 다소의 불만과 견해차가 있을 뿐이다.
　夫인 나의 경우는 마이너스 가계뿐 아니라 대가족의 장남으로서 핸디캡은 너무나 많고 크다. 윤리 이전, 너무나 아내에게 수많은 짐을 지워 주고 있다. 정말 너무나도 교직 생활이 얼마나 고된 일인가? 어머니로서 일이 얼마나 많은가? 그리고도 아내로, 며느리로, 형수로, 올케로 당신에게 너무나 큰 무리를 나는 주고 있다. 그런 속에서 내가 부부 윤리를 찾을 수는 없겠지만 모든 해결이 된 훗날을 위해 1. 상호 존경, 2. 협조 봉사, 3. 명랑 생활이라고 할까?

1971. 9. 25. 대인 관계

① 동백회: 경제적으로나, 사회적으로나, 연령상으로나, 인격적으로나 나보다 월등㉠한 회원들의 모임이다. 신의와 회칙에 정확하며, 상호 겸손을 미덕으로 알면서 자기 과장 없는 가장 최근에 내가 입회한 동백회를 오래도록 아끼고 사랑하련다.
② 일신회: 광주사범학교 12회 동기생들로 모인 어쩌면 내가 조직·운영하고 있다고도 할 수 있지만, 늘 즐겁고 화목한 분위기는 되지만 완전한 기틀 위에 서 있지 못하다.
우선 회원을 확장하고, 회칙을 지키고, 건실한 모임으로 이끌어 나가는 데 노력하겠다.
③ 돌모임: 광사 11, 12, 13, 14, 15회. 교대 1회, 13명으로 조직된 연대 클럽 형식으로, 앞으로 광사의 중추적 신경이 되겠다는 이상도 있지만 우선 호흡이 통하고 건설적이며 다소 진취적인 이 모임을 끝까지 오래도록 지속코자 한다. 모두 같은 세대 때문인지 광사라는 줄기이기 때문인지 만나면 즐겁고 모두 재미있다.
④ 국제 Y.S MENS 광주서석 CLUB: 좋고도 나쁘고 여러 가지로 고민이 많다.
⑤ 북극성회: 빨리 정리되어야 한다. 정말 이런 것은 계나 회일 수 없다. 빨리

1971. 9. 25. 방법 문제

근본 문제는 변함이 없다. 바탕, 기초, 근거가 흔들린다면 말이 아니기 때문이다.

그러나 그런 근본은 영원한 것은 아닐 수도 있다. 내용을 충분한 이해를 할 수 있어도 생활에선 그 내용을 실현하는 방법과 태도 때문에 감정은 가감이 되고, 슬프고 기쁘고 한다.

이런 유감들은 때때로 생활에 균열을 만들기도 한다. 똑같은 근본을 갖고도 문제 해결을 위해서 어떤 방법이냐, 태도냐에 따라서 당신과 나 울적하기도 하고 마냥 행복하기도 하다.

그렇다고 반드시 근본이 변화되거나 바뀔 수는 없는 것이지만…. 그러니까 당신과 나 당신이 생각하는 근본이나 내용을 내가 이해를 못하거나 수긍을 안 한 것은 아니고, 오직 실현하는 방법과 시간을 생각하고 있다.

물론 내가 이런 문제의 제기는 당신의 방법과 태도와 수단에 대한 회의감이라 스스로의 내용에 대한 회의를 포함한 것이지만….

근본은 같은데…. 생활의 파편인 감정들이 당신과 나 사이를 그렇게 달라서야 되겠는가? 내 생활이 좋다든가 변명은 아니고 근본 문제를 두고 방법 문제로 좀 더 연구해야 한다.

1971. 9. 25. 질주 방안

제8의 나의 출발 선언은 오직 질주하는 것으로 했다. 과연 나는 어떻게 질주할 것인가? 교육계 사업을 확장하고 부업을 갖고 있어야 한다. 너무나 많은 시간이 나에게는 날마다 있다.

질주 방안! 그것을 생각해야 한다. 월간 ≪교단≫을 하고 있으므로 ≪시청각교육신문≫을 울 맡아 오고 ≪월간 교육자≫가 나오면 또 하고, 신년도 교재 사업을 선택하면 교육계 사업의 현상은 유지할 수 있다. 다음에 부업을 무엇으로 할까?

식당 계획이 좌절된 후로는 오직 술장사다.

오직 어떻게 하느냐 하는 방법만이 남아 있다. 할 것이고 해야 한다. 어떻게 할 것인가가 문제다. 정말 연구해야 한다.

다음에 내가 취재하는 잡지와 신문에 글을 써야 하겠다. 그리고 내가 활용할 수 있는 수많은 지면이 있다. 동시도 다시 쓰고 동시집도 다시 출판해야겠다.

대인 관계와 사회적인 지위도 올려야 한다. 그런 것의 모든 이전에 나는 나를 일으킬 수 있는 경제적인 현상을 유지하도록 방안을 찾자.

1971. 9. 25. 출발 선언

전진 아닌 것은 바로 중단이었다. 나의 수차의 중단은 결국은 수차의 출발이었다. 그 많은 출발 중에서 지금 생각해 보면 실패작이 있고 평년작이 있고 흉년작이 있었다. 평년작과 실패작만 있었다면 나의 지금 제8의 발전은 좀 더 순조로웠을 것인데 지금의 제8의 출발은 흉년작 바로 뒤의 보릿고개를 넘는 비장한 선언과 함께이다. 서기 1971년 9월 25일 2시 정각! 당년 34세, 많이 살고 난 뒤의 무기력 속 제8의 출발은 무기력이 아니어야 하는 생동의 비약이어야 한다. 초등학교와 군 생활이 평년작이었고, 중학교, 사범학교, 교직 생활_{군 이전 실패작, 군 이후 평년작}, 교육계 사업_{전반기 평년작, 후반기 실패작}이 실패작이었다. 그리고 가장 최근의 주택 건이 흉년작이었다. 지금 나는 흉년작 직후의 시간에 한 번도 승리의 깃발 없는 허술한 달리기를 돌아보며 제8의 출발 선언을 생각하고 있다. 평년작이거나 실패작이거나 흉년작의 뜻 없는 세월 속에 나이를 먹으며 나의 체험은 자연적인 현상일 뿐 의지의 소산은 없다.

지금은 바로 의지의 발진이요, 소산 있는 결실을 찾아야 할 뿐 경험을 위한 행진의 시간은 아닌 것이다. 마지막 출발이요, 맨 나중의 선언이다.

'나는 오직 질주할 뿐이다.'

이런 식의 일기를 계속해 쓰면서 '오직 질주할 뿐이다.'

1971. 9. 26. 작심삼일

처음 결심이나 시작이 좋지만 유종의 미를 거두지 못하는 행태를 사람들은 작심삼일이라 일컫는다면 나의 가계부에 쓴 각서는 이제 작심삼일인 것이다. 변명이 필요 없는 정말의 작심삼일이다.

당신을 울리면서 또다시 이렇게 된 나의 태도는 분명히 말해서 사나이의 큰 모순이다. 지금부터 그때 그 각서의 내용을 생각하며 작심삼일이 되지 않도록 노력할 것이다.

당신이여! 정말 미안하다. 교육계 사업 중단이라면 몰라도 거창한 출발이라면, 대한과학진흥회사라는 상호는 어떠한가? 신년도부터 과학 교재 사업을 시작해 볼 것이다.

현재까지 교육 월간지, 주간 신문에만 너무나 커다란 신경을 쓴 것 같다. 많은 사람이 잘하고 있는데 나는 수직으로 깊은 우물만 파고 있지나 않은가? 수평적인 사고로 비슷한 사업을 옆으로도 연구해야겠다. 확장이다. 월간지도, 주간지도, 교재도,

과학 기재도 모두 해 보자. 능력을 이제 힘껏 발휘하자. 작심삼일 아닌 출발 선언 중 질주를 위한 나의 첫 시작이다.

1971. 9. 25. 한자 지식

　오지호 선생의 『국어에 대한 중대한 오해』
　- 한국 아동 사고 능력의 저하 현상과 그 원인에 대한 고찰을 읽고

　그동안 나는 한글 전용에 대한 강력한 지지자였다. 그리하여 한동안 나는 자본이 어느 정도 축적된다면 신문은 '한글 신문', 잡지는 '한글 시대', 아동지는 '한글 동산', 주간지는 '주간 한글', 어린이 신문은 '한글 나라' 등으로 생각하며 한글 학자를 총동원하고 법인체를 만들어 '한글' 매스컴을 갖는 것이 나의 꿈 아니었던가? 그러나 금번 ≪교단≫ 10월호에 화가 오지호 선생의 글을 읽고 한자 공부의 중요성을 느꼈다. 그리하여 앞으로는 인한, 정한에게 한문을 공부시키고, 나도 틈나는 대로 한자 공부를 하려고 생각한다. 문학에 관심 있는 친구에게도 오지호 선생의 글을 읽은 독후감을 듣고 싶다. 그리하여 시인 친구들도 나와 같은 생각이라면 나는 지금부터라도 한문 공부를 할 것이다. 문명의 원시인이 되지 않기 위해서…. 뿐만 아니라 한국인의 무식한 독서인이 되지 않기 위해서 한문 지식을 습득해야겠다.

1971. 10. 5. 鐘琓 전서

   당신이 학교에 나간 뒤 지금 방에 누워서 어젯밤 일을 생각해 보고 있는 것이오.
   옛날 같으면 그런 밤의 아침이라면 며칠 동안 울적한 기분의 연속일 텐데 나의 지금의 마음은 지극히 평온을 유지하오 불같이 뛰어다니며 일을 해야겠는데…. 그래야 당신에게도 면목이 서겠는데….
   날마다 당신의 출근 뒤 마음 편히 방 안에 누워 있으니 마음이 괴롭기만 할 뿐이오. 교사로, 아내로, 며느리로, 엄마로 벅찬 일과를 알면서 나는 늘 이런 입장이 죄송키만 합니다. 그러나 이제 우리의 변함없는 근본은 다소의 감정적 편린의 순간은 있겠지만, 바탕의 자세는 영원토록 변치 않을 것이오.
   종완, 4년 동안 동고동락하면서 인한, 정한을 낳고 기르며, 우리들의 부모님을 위하고, 동생들을 학교에 보내며 너무나 많은 일을 하고 있었오. 이제 서서히 정리되어 가고 있소 곧 당신의 고통도 서서히 해소되기 시작할 것이오. 그리고 나의 부정확한 생활 태도도 점차 일정한 방향을 설정해 나갈 수 있을 것이오. 지금 나는 생각하고 있소. 어떻게 하면 당신과 나, 인한, 정한 훌륭한 삶을 영위할 수 있을까? 하고.

1971. 10. 6. 교단 산조

   「교육적인 너무나 교육적인」
   모든 비교육적 요소들을 들추고 현 교육계에 밀물처럼 밀려오는 교육 사조가 아무 비판 없이 이 땅에서 활개를 치다 시행착오만을 되풀이할 뿐, 썰물처럼 밀려나는 풍토를 개선할 수 있는 교육평론의 정착을 시도하면서 내가 한 500매 쓰고 싶은 원고 내용의 제목이나 생각은 오래전부터 했었다. 이 직업을 선택한 뒤 붓을 놓아 버린 탓과 생활의 해이 때문에 쓸 수가 없었다. 이제부터 녹슨 붓을 잡기 위한 작업이 시작되었다고나 할까?

교육계 주변을 한국에서 가장 시원하고 정확하게 해부하고 싶다. '비교육 시대' '교육 입국론' 등 소재로 나타날 수 있는 작업의 시작을 위해서 나는 자료를 정리하고, 수집하고 머리를 모아야겠다.

나도 20세기 한국에서 그냥 이름 없이 잠들 수는 없다. 남겨야 한다. 나의 체험을 통한 가능한 범위에서라도. 이제부터 1인 3역, 달려야겠다. 우선 교단 산조를 완성시켜야겠다.

1971. 10. 12. 민족 회담

'가족 찾기 운동'을 주제로 한 적십자사 대표들을 중심으로 남북 회담이 수차 이루어지고 있고, 모든 국민이 총 관심을 기울이고 있다. 세계가 이제 양극화되고, 양극의 남과 북을 생각하면 성공 여부를 판단할 수 없지만, 그래도 민족적 주체성을 살려 스스로 간에 문제를 협의하고 조정하게 된 것만도 큰 발전이다. 장소를 서울과 평양에서 번갈아 가며 열게 되고 쌍방 대표 간에는 형식적이나 인성을 주고받으려는 협력이 꾸준하다. 그러나 문제는 정치적인 차원에서 남과 북의 통일이 되어야 하고, 민족의 거성이 한데 모여 현재 정권 담당자인 지도자끼리 회담이 있어야겠다.

민족 지도자라는 형식을 갖고 외세에 신경을 쓰지 않고 양심적인 순수한 입법을 세우고 남과 북의 현재 정권 담당자와 회의에 참가한 민족 지도자도 물러난 상태의 새 인물로 정부가 수립되어야 한다.

그러나 누가 자기를 위할 수는 있어도 민족을 위할 수 있을 것인가? 그것이 문제로다.

1971. 10. 12. 가을 산조

어제부터 갑자기 날씨가 싸늘해진다. 많은 자산이 있어서 등산도 다니고, 낚시도 다니고, 클럽에도 잘 가며, 생활의 여유를 갖고 싶은 것은 모든 이의 생각일 것이다.

이제 앞서고 뒤지는 사람들이 결정되었고, 이제는 얼마쯤 거리가 많고 적느냐만 남았다. 나는 지금부터 얼마쯤 떨어질 것인가?

종욱이도 해외로 다니며 집안일을 걱정하고 있겠지?

仁韓, 正韓 교육 시킬 준비는 어떠한지? 어떻게 달릴 것인가?

모두들 자기 일에 충실하고 살찌고 있는데 나는 어느 자리만큼 차지하고 있는 것일까? 왜 내가 이토록 무기력해지는 것일까? 배영사 고 선생은 나이가 그렇게 많아도 계속 거북처럼 뛰고 있지 않은가? 나도 이 가을이 다 가기 전에 뛰어야 한다.

인정 있는 분들은 오늘도 전화를 주고, 인정이 없는 그들은 내일 만나서 악수를 하고, 모든 이해가 엇갈리는 사람들은 외면을 하고 달려야 한다.

1972. 10. 12. 鐘炫

10. 아내의 빈 자리

 점심을 먹기 전부터 아니 아침부터 아이들을 데리고 사직공원 동물원엘 가려고 했었오. 별일 없어 일찍 돌아와 오후의 모든 시간을 아이들을 데리고 동물원 구경과 역마차와 허니문 카를 타는 등 즐겁게 해 주었소.
 처음에는 당신 없을 때 자력으로 아이들을 기르기 위한 연습 같은 심사와 또한 날마다 집에 없는 엄마 대신 잠시라도 엄마 노릇을 해 주는 기분이었는데, 나는 곧 그곳에서 돌아와 집에서 많은 생각의 시간을 가질 수가 있었소. 많은 생각하는 시간을 당신은 나에게 만들어 준 것이지만….
 우선 당신을 깊이 사랑하고, 당신을 위해 주고, 이 집안의 올바른 발전을 위해서 분골쇄신 노력하겠다는 생각이오. 어제는 백양사에 있어도, 집에 와서도 강한 열기 때문에 그런 글을 썼지만, 오늘 다시 곰곰이 당신만을 생각할 기회를 가질 수 있었소. 지지리도 가난한 집의 못난 장남에게 시집와서 조금이라도 나아지고 발전되게 하려고 오랜 세월을 당신은 애썼소.
 그러나 지금은 말로는 다할 수 없는 지경에 이르렀으니 당신의 심정은 오죽하겠소.
 부산의 오빠 일이며, 고향의 아버님 생각이며, 학교 일이며, 잘되어 가지 않은 집안일이며, 당신은 너무나 압박과 고통 속에 서 있는 것을 생각해 보았소.
 착하고 어질기만 한 당신에게 내가 준 보답이란 아무것도 없이 우울과 권태와 무질서한 생활의 연속이었소. 당신의 그 애쓴 보람이 아무것도 없이 만들어 놓고도, 날마다 귀가 시간은 늦고, 희망을 용기를 줄 수 있는 따뜻한 말 한마디 나는 없었소. 해수욕장에서도 당신의 마음은 편하지 않고 집 생각과 아이들 생각으로 골몰해 있을 것이라고 느끼오. 다 잊어버리고 잠시라도 유쾌하게 웃다가 모든 피곤을 풀고 내일 건강한 모습으로 내 앞에 나타나기를 비오. 처음부터 당신이 즐겁게 다녀올 수 있도록 했어야 마땅한 것인데 나의 잘못이 컸음을 느끼오.

아침부터 저녁까지 날마다 근심 걱정에 허둥댄 당신을 내가 섭섭한 말로 가게 해서 미안하오. 어제저녁 각박한 여러 얘기 썼는데, 당신은 이미 영원히 나의 반신이요, 나의 생명입니다. 진즉 그렇게 약속했었고, 우리는 그렇게 되어 있는 것이오. 아무리 당신이 나에게 짜증을 냈어도 우리의 마음만은 서로 사랑하는 것이었소. 내가 당신을 때렸어도 그것은 화풀이였지, 애정이 없었거나 미워서는 절대로 아니오. 아직 한 번도 당신을 미워해 본 적이 없소. 특히 내가 집에서 여러 가지 얘기들을 안 한 것은 당신이 미워서가 아니라 골치 아프고 우울한 화제가 당신과 나 사이에 없기 위해서이오. 그러나 그런 것도 나의 잘못이었소. 이미 몸과 마음 곁에 있는 현실을 외면하려는 나의 큰 불찰이었소. 우리가 알아서 지금까지 당신은 너무나도 많고 훌륭한 내조를 했는데 나는 아무것도 해 놓은 일도 없이 오늘에 이르고 말았소.

후회스럽지만 지나간 세월을 다시 잡아 올 수는 없겠고 앞으로는 다시는 실수가 없도록 조심조심 다리를 건너듯 살펴서 살려는 생각이오. 당신만을 위해서, 정말 당신만을 위해서 무작정 살 것이오. 어떤 화풀이도 달게 받겠고, 당신의 어떤 짜증도 웃음으로, 당신이 슬플 때는 같이 슬퍼하며, 나의 반신, 2분의 1인 당신의 인생이 바로 나의 인생이라는 생각으로 그렇게 살겠소.

그리고 당신이 어느 사람과 사랑을 하고, 깊은 정에 파묻힌다고 할지라도 이해해 주고, 덜어 주고, 감싸 드리겠소. 모든 것이 나는 이제 당신을 위해 존재하는 것이니…. 그러나 당신이 추해지거나 천해지는 것은 나는 정말 싫을지도 모르오. 상당히 오랜 시일을 당신의 힘을 입어 성실하게 살아오고 생활해 왔는데, 요즈음은 무기력해짐을 스스로 느끼기도 합니다. 내가 늦게 들어오는 날마다 당신의 눈물이 마를 날이 없었는데, 이제는 그런 일만은 저지르지 않겠고, 이제는 아무리 궁하고 딱한 일이라도 당신과 협의하여 처리하고, 당신의 뜻을 물어 행동할 것입니다.

조물주가 나를 만들어 놓을 때 내 이런 위치에 이런 시간에 존재토록 했는지 몰라, 원망도 많이 해 보고 발버둥도 많이 쳐 보았습니다만 그것이 다 잘못이었습니다. 이기고 나갈 수도 있었는데, 이길 수도 있었는데, 아버님 우리를 기르시고 가르치기에 여념이 없이 고생고생하셨는데, 내 동생들 나만 하늘처럼 믿으며 이 세상 살아가는데….

한동안 내가 쓰러지더라도, 나는 아무것도 못 하더라도, 하는 날까지 하다가 말더라도, 부모님 마음에 들도록 동생들 가슴에 멍이 들지 않도록 한다는 것이 오히려 자립정신이 없이 되기도 했음은 물론 알고 있습니다. 그러나 그때마다 조금이라도 덜 슬프게 덜 고통스럽게 나는 해 보려고 애썼던 것이오.

그럴 때 사실은 내가 쓰러지고 고통받는 것이 아니라 착하고 어진 당신을 너무나 오래오래 슬프게 했습니다. 내 가정이 나와 당신 사이에 조그마한 틈이 생기리라고는 생각조차 해 본 적이 없는데, 어제는 요즈음 며칠 전 일 때문인지 내가 소심해진 것은 사실이오.

그러나 여태껏 행동을 제대로 못 했지만, 마음만은 항상 당신을 즐겁게 해 주고 싶었고, 당신을 행복하게 해 주기 위한 기적이 내 앞에 내려지리라고 늘 생각했었소. 오늘 정한이 참 잘 놀았소. "엄마! 어디 갔니?" 하고 물으니 그 흔들거리고 뛰는 역마차 안에서 "학교" 하고 대답하기도 하고, 허니문 카를 타다가 내가 어지러워 내리려니 인한이는 오히려 더 타자고 했소. 오리와 물개를 구경하며 그 자리를 떠나지 않으려는 정한이, 하루 종일 옆에 있게 해 주고 싶었소. 짜증을 부리지 않고 마음대로 달리고 뛰는 인한이는 다 컸다는 생각이오. 요새 사자가 동물원에 들어왔는데 "수사자는 어디 있어요?" 하고 인한이가 물었을 때 "지금은 혼자고 곧 온다." 내가 대답했지요. 두 아들을 데리고 사직공원을 오르고 내리는 나도 참 즐거웠소.

제발 모든 근심 털어 버리고 유쾌한 해수욕을 끝내고 건강한 모습으로 내 앞에 나타나길 기다리오. 오늘 7시에 돌벗모임에 갔다가 10시 30분 집에 돌아와 목욕하고 신문 보고 《주간 중앙》을 보니 12시, 오늘 생각을 이렇게 쓰다 보니 2시가 넘었을 듯싶소. 결국 당신이 해수욕을 떠난 것은 잘한 일이요. 나에게 이토록 극과 극의 양면을 생각할 수 있는 이틀 밤을 준 것은 당신이 참 잘한 일이오. 이 일로 해서 나는 물론 달라질 것이오.

두 양극이 때때로 번갈아 나타날 가능성은 혹시 있더라도 당신은 이해 있을 줄 믿소.

그러나 당신!

내 가정은 앞으로
싱싱하고 건재할 것이오.

나도 따라서
　　싱싱하고 건재할 것이오.

그러나 나의
　　정신만은
이제 영원한 파멸이오.

　　　　　　　　　　　　1972. 7. 29. 炫

11. 그대와 나 약속했지. '명랑하게'
- 아내의 정년 퇴임을 축하하며

아무리 강을 건너고 고개를 오르더라도
그대와 나, 약속했지. '명랑하게'
아무리 강이 많고 고개가 많더라도
그대와 나 약속했지. '명랑하게'

짧았던 세월, 길었던 세월,
어린이와 함께, 선생님과 함께
재미있는 길, 아름다운 길,
졸업한 그대, 꽃 한 송이 드릴게.

앞으로 갈 길, 새롭게 나아갈 길,
더욱 건강하게, 더욱 씩씩하게
은근과 끈기로 찾아가는 길,
입학한 그대, 꽃 한 송이 드릴게.

가장 무서운 병 세 번, 수술 세 번,
병고에서도 세계여행을 꿈꾸는 나.
간호사로 참여한 그대는 세계 기행,
『체험 솔솔 세계 기행』 꽃 한 송이 드릴게.

1965년 겨울, 여수동초등학교 재직 시절
3학년 13학급 동학년 선생님 모임 때
여수에서 괜찮은 선생님 누굴까 문의하자
여수서초등학교 함께 근무한 분 그대 추천.

교육자 행사에서 서너 번 만난 그대,
자전 소설 『距離』를 기사에게 보내며 청혼,
그대 대답은 소설 『距離』를 읽고 원고 정리,
다음 날 기사에게 그대로 보낸 소설 『距離』

퇴짜 당한 나, 여수를 떠나 서울행 각오,
장편소설 「푸른 날개」를 연재한 잡지에 부탁,
잡지사에서는 겨울 방학 때 근무를 바랐고
잡지사 사무용 빈방에서 자취를 할 때,

먼 곳 여수에서 서울에 온 그대,
그때 밀물로 하룻밤을 보낸 인천 아암도,
이제는 매립되어 아암도는 인천의 육지,
그대와 나, 약속했지. '명랑하게'

강한 자 누르고 약한 자 도와주는
조상 대대 내려온 가훈 '抑强扶弱'
10남매 장남과 만난 인연 이제 40년,
그대와 나, 변함없이, '명랑하게'

광주 변두리에 고급 한옥 5채를 짓다가
빚을 다 갚느라 다 팔고도 모자라
부모님도 셋집, 우리도 대문간 셋집,
그대와 나, 변함없이, '명랑하게'

제주 앞 바닷가에서 소주 마시며 진로 결정,
1976년 5월 ≪아동문예≫ 창간, 나이 38세,
할 일은 많고 세월도 빨라 ≪아동문예≫ 29년,
그대와 나, 좋아했지. '명랑하게'

천 리 길 찾아가 백만 원 빌려 왔던 날,
김치 담고 있어도 한 푼도 못 받는 그대,
처음으로 원고료 많이 드린 날,
정장을 하고 두 손을 올려 큰절한 그대.

아들 하나, 둘 대학에 보내고
대학원 들어가 새로 공부한 그대,
살림이 어려웠는데 석사가 되고
교직 생활 아름답게 한 그대.

아들 하나, 둘, 같은 아파트에 살고,
며느리 하나, 둘, 같이 열심히 살고,
아무리 슬퍼도, 아무리 즐거워도
그대와 나, 약속했지. '명랑하게'

월간 ≪아동문예≫ 출판, '세계문예' 다듬고
싱싱한 걸음으로 도봉산을 오르며
다시 찾아가는 길, 항상 아름다운 길,
그대와 나, 약속했지. '명랑하게'

앞으로도 세계 기행을 하고,
시를 짓고 시집과 세계 기행을 다시 만들고,
다시 제주 앞 바닷가에서 소주 마시며
앞으로도 그대와 나. '명랑하게'

• 안종완, 『아름다운 길』 2004년

박종현 연보

● 박종현 연보 ●

호 等山, 본관 順天, 양력 1938년 6월 23일~2020년 3월 14일

1938년 전남 구례군 산동면 이평리 배촌 외가에서 아버지 朴善圭, 어머니 尹南鎬의 5남 5녀 10남매 중 맏이로 태어남음력
1938년 5월 26일, 양력 6월 23일생.

1938년 전남 화순군 이서면 서동할머니의 친정 무등산의 뒤쪽 산골마을에서 아동기를 보내다.

1945년 전남 화순군 이서북국민학교 입학.

1947년 전남 광산군 하남면 오산리 시러울 본적지로 이사. 화순 서동에서 15명의 장정이 지게로 무등산 장불재를 넘어 광주 증심사까지 옮기고, 하남에서 온 장정 15명이 그 짐을 받아 하남까지 옮김. 광산군 하남국민학교 3학년으로 전학.

1950년 고학년이 되면서 뒷동산 티메봉에 올라 산 너머 큰 세상을 그리며 꿈을 키워 감.

1952년 광산군 하남국민학교 졸업. 광주사범학교 병설중학교

입학.

1955년 광주사범학교 입학. 사범학교 시절 문예부에서 동기생 김종두, 후배 문삼석, 전양웅, 최국인 등과 함께 동아리 활동함. 여행무전여행을 자주하였음.

1958년 광주사범학교 졸업. 여천군 쌍봉국민학교 부임.

1961년 군 입대.

1961년 10남매 중 막냇동생 박여도가 태어남1월 21일.

1962년 군 제대. 여천군 여천중흥국민학교로 복직.

1964년 문교부 지정 도서관 연구학교인 여수동국민학교로 차출됨.
학생들 글짓기 지도에 전념. 박상천 시인을 3학년 담임하면서 어린이 시집 『푸른 마음』을 발간하며 시인의 꿈을 키워 가는 동기가 됨.
≪여수교육≫ 창간호 제작.

1965년 ≪교육평론≫에 소설 「푸른 날개」 12회 연재. ≪새교육≫ ≪교육자료≫ ≪새한신문≫ 등에 작품 발표.
첫 동시집 『빨강 자동차』향문사를 펴내고 동시 시인으로 활동.

1966년 '뛰어다니는 해'로 정하고 겨울 방학 동안 ≪교육평론≫
사에 근무. 여수남국민학교에서 8년의 교직 생활을 마감.
사업을 시작하며 경제적 어려움과 고뇌를 30편의 편지에
담아 안종완에게 보냄.
여수를 떠나 광주로 옮겨 충장로에 사무실을 두고 ≪교육
주보≫ ≪교단≫ ≪교육평론≫ ≪수업연구≫ 등 교육
관계 서적 전남지사 운영. 각 시·군 교육청과 중·고등학
교를 방문하여 수금하면서 선·후배를 많이 만남.

1967년 결혼을 앞두고 자신에게 많은 질문을 던지며 고뇌를
담은 20여 편의 편지를 안종완에게 보냄.
광주서산국민학교 근무하던 안종완安鍾琓, 安圭穡과 柳鍾淑의
8남매 중 막내과 혼인함주례 장병창 교육장, 12월 10일 인권의 날에.

1968년 아내가 광주동산초등학교로 전근. 거처를 광주 계림동에
서 지산동으로 옮김.
장남 인한仁韓 태어남12월 30일 8시. 부모님이 여수에서 동생
들을 데리고 광주 지산동으로 이사.
≪수업연구≫에 단편소설 「거리」 발표.

1969년 혼자서 제주도 곳곳을 순례하며 사업을 구상하고 의지를
키움.

1970년 차남 정한正韓 태어남5월 28일 10시. 출산 후유증으로 아내가
전남대학병원에서 큰 수술을 받음.

1972년 '솔방울 동인회' 창립 동인. 아내 안종완 광주학강초등학교로 전근. 아버지의 부동산 투기로 사업 자금을 모두 밀어 넣고도 빚을 안게 됨.

1973년 '광주아동문학회' 창립 동인. 일정한 직업 없이 고뇌와 번민으로 지냄.

1975년 긴 방황을 끝내고 제주 바닷가에서 혼자 소주를 마시며 ≪아동문예≫ 발간을 결심함.

1976년 한국방송통신대학교 졸업식에 아내와 함께 참석경영학과, 아내는 초등교육학과, 2월 20일차 상경하여 문화공보부를 찾아 ≪아동문예≫ 출판 등록 절차 확인하고 3월 10일 자 등록 완료함.
5월 1일 자로 ≪아동문예≫ 창간호를 광주 서석2동 471-11에서 발행함. 월간 ≪아동문예≫ 주간 겸 발행인. 지역개발대응상 받음전남매일신문사.

1977년 제2동시집 『손자들의 숨바꼭질』아동문예사 펴냄. 한정동아동문학상 받음. 출판사 '아동문예' 등록. 제1회 전국아동문학인배구대회주최 아동문예, 장소 마산양덕초등학교, 일시 11월 11일.

1978년 한국동시문학상제1회 수상자 정석영, 한국동화문학상제1회 수상자 김목 제정·시상. 광주전남아동문학가협회장·한국아동문학인협회·한국동시문학회·국제펜한국본부 자문위원.

1979년 한국아동문예상 제정·시상1회 수상자 장사도, 11월 11일.

1980년 제3동시집 『구름 위에 지은 집』청목사 펴냄.

1981년 '아동문예사'를 1월 1일자로 서울로 옮겨 인사동 사거리 동일빌딩 4층에 자리 잡음.
전남문학상『구름 위에 지은 집』·전라남도문화상 문학 부문 받음전남도지사.
한국동극문학상 제정·시상1회 수상자 고성주, 4회로 중단.

1983년 ≪아동문예≫와 ≪아동문학평론≫ 주관으로 소파 방정환기념비 제막식 거행사회를 봄. 5월 5일 망우리 묘소.
한국동시문학시대, 한국동화문학인회 결성하여 작품집 25집까지 속간.

1984년 문인 해외 연수 단원으로정부 지원 프랑스, 이탈리아, 요르단, 인도 등을 한 나라에 3박 4일씩 체류하며 그 나라 문화와 특색을 공부함.

1985년 첫 동화집 『별빛이 많은 밤』겸지사 펴냄. 문화공보부장관 표창 받음잡지문화창달, 11월 19일.
제2회 전국아동문학인배구대회주최 아동문예·아동문학평론, 장소 광주수창초등학교, 5월 26일.

1986년 순천 박씨 종친회 이사 선임.

거처를 서울시 도봉구 쌍문3동 한양아파트로 옮기다미아 아파트에서.

1987년 제4동시집 『아침을 위하여』아동문예 펴냄. 이 저서로 대한민국문학상 받음문예진흥원장, 11월 20일.
'사도요한'이라는 세례명으로 세례 받음청량리성당에서, 대부 박홍근 선생님, 6월 21일.
제3회 전국아동문학인배구대회주최 아동문예·아동문학평론, 장소 부산교대부속초등학교, 6월 28일.
강소천문학비 제막식아동문예 주최, 어린이대공원, 10월 17일.

1988년 제5동시집 『아침에 피는 꽃』대교출판 펴냄. 출판사 '세계문예' 등록. ≪아동문예≫ 사무실을 인사동에서 현주소(서울시 도봉구 도봉로 109길 78)로 옮김.

1991년 제2동화집 『사랑의 꽃밭』용진 제3동화집 『꽃 파는 아이』아동문예 펴냄. 뇌출혈로 서울대병원에서 응급 수술 받고11월 14일 25일간 생사를 헤매다 퇴원. 퇴원을 아동문예 사무실로 하여 바로 일을 시작함.
≪아동문예≫ 「편집 후기」에 '아내의 병상 메모'를 게재하여 독자들을 놀라게 함.

1992년 국무총리 표창 받음잡지의 날 11월 1일.

1993년 제5동시집 『도깨비 나라의 시』아동문예, 12월 30일 펴냄.

1994년 21동행시 제1집 발간 및 작품 합평회2010년 11월 22일, 제15집까지 이어짐.

1995년 부모님 결혼 60주년 기념 '회혼례'를 광주서 지냄. ≪아동문예≫가 우수 잡지로 선정됨공보처장관, 11월 1일. 한국동시조문학상·민족동화문학상 제정.

1996년 아버지 박선규 요셉 선종음 8월 17일, 81세.
제4동화집 『대추나무 집 아이』가정교육사 펴냄.

1997년 차남 정한과 이상운 혼인함6월 7일 명동성당, 주례 남학현 신부.
권오순 노래비 제막식아동문예 후원, 충주다목적댐, 5월 10일.
합동 출판합평회아동문학 3동인~2003년까지.
재경 순천 박씨 돈영공파 종친회 부회장 선임.

1998년 간행물윤리상대통령 표창 받음잡지의 날, 11월 1일.
손녀 서연 출생6월 5일. 어머니 윤남호 80세 축하연을 서울서 가짐음 9월 11일.
출판사 '세계문예' 발행인 겸 주간. 사간회 입회, 감사 역임2015~2018.

2000년 위암 초기로 서울대병원에서 수술. 차남 정한 HS애드로 옮김국장 겸 C.D.
『참, 예쁘구나 할아버지 돋보기 안경』세계문예 펴냄.

2002년 한국문인협회 아동문학분과회장 당선1월 15일. 아내와 함께 한국문인협회에서 주관하는 한국문학심포지엄 참석브라질.

아동문학 단체와 원로 아동문학가들과의 협력으로 '아동문학의 날'을 제정하여 「아동문학의 노래」유경환 '아동문학의 날 표어'김완기 「아동문학의 날 선언문」이상현을 선포하고 '제1회 아동문학의 날' 행사를 흥사단에서 갖고 제10회까지 서울에서 진행함.

'한국청소년문학상'을 제정하여 2009년까지 시상.

2003년 제2회 '아동문학의 날' 행사 주관서울 반포초등학교, 교장 고성주. '아동문학의 날 큰상·본상'을 제정하여 시상.

2004년 여행기 『체험 솔솔 세계 기행』세계문예을 아내 안종완과 공저로 펴냄.

아내 안종완 초등 교직42년 5개월을 마감하고 정년 퇴임8월 31일 민락초등학교 교장. 아내의 정년 퇴임 문집 『아름다운 길』에 16연 64행의 「그대와 나, 약속했지, 명랑하게」를 바쳐 아내를 위로함.

2005년 제6동시집 『도봉산 솔솔』세계문예 펴냄. 펜문학상펜클럽한국본부, 11월 11일 받음. 『아침을 위하여』아동문예 개정판 펴냄. 손자 상진 출생6월 23일.

2006년 시집 『도깨비 나라의 시』 재판1월 25일·동화 시집 『비

오는 날의 당당한 꼬마』세계문예, 11월 15일 펴냄.

2007년 동화 시집 『반짝반짝 돋보기안경』3월 26일 『무지갯빛 참 예쁘구나』3월 26일 『깡충 달리는 아기 토끼』5월 10일 『너무나 예쁜 하얀 사슴』· 『뚝딱 뚝 만든 오두막집』5월 10일, 이상 세계문예 펴냄. 예총예술문화상 받음한국예총연합회. ≪아동문예≫지를 월간에서 격월간으로 변경·발행함월간으로 31년 8개월. 한국문인협회 아동문학분과회장 당선1월 20일.

2008년 환상 동화 『섬에서 온 쌍둥이별』『오솔길의 옹달샘』11월 1일 『꽃구름 아기구름』『바람이 된 아이들』이상 세계문예 펴냄. 『섬에서 온 쌍둥이별』로 한국문학상한국문인협회, 12월 26일 받음. 아동문예작가회에서 주관한 제1회 아동문학심포지엄 개최9월 27일~28일, 아카데미하우스. 대한아동문학상·세계동시문학상·세계동화문학상2015년까지·한국동시조문학상2016년까지 시상. 장남 인한 한국수출입운송주식회사 설립12월.

2010년 문화포장 받음대한민국 정부 대통령, 잡지의 날 11월 1일. 우수 콘텐츠 잡지 선정대한민국 정부. '아동문예작가회'를 '사단법인 아동문예작가회'로 법인 설립. 한국문인협회 도봉지회장 맡음.

2011년 환상 동화 『꽃밭 1·2·3』세계문예, 5월 27일 펴냄. 출판사 '아침마중' 등록, 발행인 겸 주간 맡음. 한국문인협회 아동문학분과회장 재당선1월 22일.

2012년 『꽃밭 1·2·3』으로 도봉문학상 받음. ≪아동문예≫ 우수 콘텐츠 잡지 선정대한민국 정부.

2013년 어머니 尹南鎬 마리아 선종음 12월 11일, 96세.

2014년 환상 동화 『꽃밭 1·2·3』 재판. 백두산 성지 순례강길웅 신부님 동행 시 길림대학병원 응급실에서 의식 없이 3일간 지낸 뒤9월 19일~21일 귀국하여 서울대병원에서 치료9월 24일. 장폐색 수술9월 30일. ≪아동문예≫ 우수 콘텐츠 잡지 선정대한민국 정부.

2015년 『박종현 동시 선집』지식을만드는지식, 4월 15일 펴냄. 사)한국아동문예작가회 이사장 재임3월 26일.

2016년 한국잡지언론상 받음잡지협회, 11월 1일.
손녀 서연이 캐나다 브리티시 컬럼비아대학U.B.C. 합격.

2017년 제9회 아동문학 심포지엄 및 '아동문예 문학상' 시상식9월 9일, 예술가의 집. 2017년부터 한국동시문학상·한국동화문학상·한국아동문예상 3개 부문만 시상. ≪아동문예≫ 우수 콘텐츠 잡지 선정대한민국 정부.

2018년 제10회 아동문학 심포지엄 및 '아동문예 문학상' 시상식9월 8일 예술가의 집.

2019년 사)한국아동문예작가회 문학상 시상식 및 토론회 10월 12일, 도봉문화원.

2020년 박종현 선종 3월 14일 15시 30분.
　　　　11:00시에 병자성사 받고 안방에서 잠자듯이 떠남.
　　　　부모님 계신 고향 선산에 영원히 잠들다 3월 16일.
　　　　유택 주소 광주광역시 광산구 산 62-8번지.

2022년 박종현 추모 문집 『나, 박종현!』 펴냄.

2025년 『박종현아동문학전집』 전3권 펴냄.

박종현 저서 일람

● 동시집

1. 『빨강 자동차』 1965, 향문사
2. 『손자들의 숨바꼭질』 1977, 아동문예
3. 『구름 위에 지은 집』 1980, 청목사
4. 『아침을 위하여』 1987, 아동문예
5. 『아침을 위하여』 개정판, 2005, 아동문예
6. 『아침에 피는 꽃』 1988, 대교출판
7. 『도깨비나라의 시』 1993, 아동문예
8. 『도깨비나라의 시』 개정판, 2006, 아동문예
9. 『도봉산 솔솔』 2005, 세계문예
10. 『박종현 동시 선집』 2015, 지식을만드는지식

● 동화 시집

1. 『참 예쁘구나, 할아버지 돋보기 안경』 2000, 세계문예
2. 『비 오는 날의 당당한 꼬마』 2006, 세계문예
3. 『무지갯빛 참 예쁘구나』 2007, 세계문예
4. 『반짝반짝 돋보기안경』 2007, 세계문예
5. 『깡충 달리는 아기 토끼』 2007, 세계문예
6. 『너무나 예쁜 하얀 사슴』 2007, 세계문예
7. 『뚝딱 뚝 만든 오두막집』 2007, 세계문예

● 동화집

1. 『별빛이 많은 밤』 1985, 겸지사

2. 『사랑의 꽃밭』1991, 도서출판 용진

3. 『꽃 파는 아이』1991, 아동문예

4. 『대추나무집 아이』1996, 가정교육사

● 환상 동화집

1. 『섬에서 온 쌍둥이별』2008, 세계문예

2. 『오솔길의 옹달샘』2008, 세계문예

3. 『꽃구름 아기 구름』2008, 세계문예

4. 『바람이 된 아이들』2008, 세계문예

5. 『꽃밭 1·2·3』2011, 세계문예

● 기행 문집

1. 『체험 솔솔 세계 기행』2004, 세계문예

박종현 수상 일람

1. 전매지역개발대웅상 수상전남매일신문사 1976
2. 한정동아동문학상 수상한정동아동문학상운영위원회 1977
3. 전라남도문화상문학 부문 수상전라남도지사 1981
4. 잡지문화창달 장관 표창대한민국 정부 1985
5. 대한민국문학상 수상문예진흥원 1987
6. 국무총리 표창대한민국 정부 1992
7. 우수잡지 선정증 수령대한출판문화협회 1995
8. 간행물윤리상 수상대한출판문화협회 1998
9. 문화진흥 공로 대통령 표창대한민국 정부 1998
10. 펜문학상 수상국제펜한국본부 2005
11. 예총예술문화상 수상한국예술총연합회 2007
12. 한국문학상 수상한국문인협회 2008
13. 문화포장 수상대한민국 정부 2010
14. 우수콘텐츠 잡지 선정대한민국 정부 2010, 2012, 2014, 2017, 2020
15. 도봉문학상 수상도봉문인협회 2012

박종현 문단 활동 일람

1972년 솔방울동인회 창립 동인
1973년 광주아동문학회 창립회원
1978년 광주전남아동문학가협회 회장, 한국아동문학인협회 자문위원, 한국동시문학회 자문위원, 국제펜한국본부 자문위원
1976년 월간 ≪아동문예≫ 주간 겸 발행인, 출판사 아동문예 발행인 겸 주간
1998년 출판사 세계문예 발행인 겸 주간
2002~2009년 한국문인협회 아동문학분과회장
2010년 도봉문인협회 회장, 사단법인 한국아동문예작가회 이사장
2011년 출판사 아침마중 발행인 겸 주간

박종현아동문학전집 **3** 기행·삶과 문학
체험 솔솔 세계 기행

초판 1쇄 발행 · 2025년 3월 14일

지은이 · 박종현
엮은이 · 박종현아동문학전집편찬위원회
펴낸이 · 박옥주

펴낸곳 · 아동문예
등록일 · 1987년 12월 26일
주　소 · (우)01446 서울특별시 도봉구 도봉로 109길 78
전　화 · 02-995-0071~3, 02-995-1177
팩　스 · 02-904-0071
이메일 · adongmun@naver.com/ joo415@hanmail.net
홈페이지 · www.adongmun.co.kr

ISBN 979-11-5913-455-5　04810
　　　 979-11-5913-452-4　세트

가격 20,000원

＊이 책은 저작권법에 따라 보호받는 저작물이므로 무단 전재와 복제를 금합니다.
＊이 책의 내용을 사용하려면 저작권자와 아동문예의 서면동의를 얻어야 합니다.
＊잘못 만들어진 책은 구입한 곳에서 바꾸어 드립니다.